視力を下げて体を整える

魔法のメガネ屋の秘密

著　早川さや香

監修　眼鏡のとよふく

集英社

はじめに

早川さや香

この本を手に取られた方は、眼の不調に悩んでおられる方や、健康に関心のある方でしょうか？　それとも、近年、メディアで取り上げられるメガネの情報が、少し変わってきたようだと感じておられる方でしょうか。

２０１８年春に、とあるテレビの健康バラエティ番組で、「幸せメガネ」というテーマが取り上げられました。放送内容によると、日本のメガネ人口は約７５００万人。しかし、メガネ店に来店される方の８～９割が「合っていない」メガネをかけて、疲弊しているそうです。「よく見える」ことばかりに重点が置かれ、「楽に見える」ためのメガネ合わせができていないことが原因のようです。それは、まさに本書でお伝えしたいメガネの秘密にかかわることです。

今は、寿命１００年時代といわれ、ひとびとは健康維持のための食生活、住環境、さまざまな予防医学にお金を投じるようになりました。しかし、たとえば肌・髪・歯には日常的に治療や矯正をし、生涯で数十万～数百万円もかける方が、眼のコンディションの維持には、さほどの投資をしません。

せいぜい若年期には近視、中高年期には老眼の対策、老年期となって、いざとなれば白内障や緑内障の治療もやむをえない……くらいのスタンスの方が多いのではないでしょうか。下手をしたら、私のように見ることは「タダ」であるとか、三つ子の魂ならぬ「三つ子の眼、百まで」のように思っている方も多いかもしれません。

少し手元が見づらくなると、老眼用メガネを雑貨店で購入する方も少なくありません。100円ショップで歯や耳の矯正具を買う方はいませんが、老眼鏡なら気楽に買ってしまうのです。

それは、あふれる眼の健康情報のなかで、ほんとうに「よく見える」とはどういうことなのか、ただしい情報をお伝えする専門家が少ないからかもしれません。そんな稀有な専門家のおひとり「眼鏡のとよふく」さんを、本書でご紹介したいと思います。まずは、出会いの経緯から、お伝えします。

私は、1990年代なかばから出版業に携わっております。当時、バブル景気は過ぎていましたが、インターネット時代の直前で、出版される本の総売り上げはピークに達していました。夜中まで文章や図版と格闘し、それから街に繰り出して飲む。似たようなライフスタイルの同業者も多かったかと思います。

しかし30代となると、不摂生がたたって心身が不調に。自業自得が身にしみ、食生活などに気をつけはじめました。が、40代に入ると、いよいよ疲れは蓄積しました。肩こり、腰痛、慢性疲労、眼はかすみ、四肢はむくんで、頭にはぼうっと霧がかかったようです。

仕事上で困ったのは、本を読んでも頭に入らないこと。なんども、なんども、同じ行を眼で追ってしまい、ぐるぐると文章の断片だけが頭を回るのです。飛蚊症も悪化し、眼のはしではいつも蚊がふらふらしています。しかし、眼科に行けばヒアルロン酸などの保湿剤を処方されるだけ。本が読めない病は改善されず、とほうに暮れました。


そんなときに、友人の脳科学研究者から、とあるメガネ店の名前を教えてもらいました。

「千葉県に、『魔法のメガネ屋』と呼ばれる店がある。そこのメガネをかけると世界が３Ｄになって、人生観が変わると評判だよ。県外、海外からもお客さんが殺到しているらしい。私自身、ひどい体調だったのが回復して、数年ぶりに恋人ができたの」

彼女は、都内で名の知られた自然食レストランを営んでいましたが、前経営者から引き継いだ億単位の赤字を返済し終えたころ、からだを壊してしまいました。店を閉めたのち、さらなる世の健康を願って、脳の研究を深めるため、そのメガネ店へ調整しに行きました。しかし、眼の測定をすると、とんでもない結果が出たそうです。

「このままでは重病になるところだったよ、と言われたの」。たくましい恋人ができて、仕事の夢に向かって薔薇色の頬をしている今の彼女からは信じられません。

その魔法のお店は「眼鏡のとよふく」といいました。親子四代にわたりメガネをつくっている老舗だそうです。

早速、ネットで検索をしてみると、名前だけで何十万件もヒットし、たくさんの体験者がブログやSNSで、メガネの使用感を綴っていました。それによると、「とよふく」では、2時間近くもかけてじっくり眼の検査をし、日ごろの食生活、思考の癖や性格、対人関係、ときには胎児としておなかにいたときの母親の食生活まで当てられてしまうので、戦々恐々だというのでした。しかし、ひとたびそのメガネをかけると、風景が一変する。眼や肩のこりがとれ、痛みが消え、活力が増し、成績が上がり、対人関係が良好になり、運気まで上昇するという……。

私は、半信半疑でとよふくさんに電話をしてみました。しかし、予約待ちの方が大勢おられ、検査していただけるまでに6か月ほど待ちました。

待ちに待って、いよいよメガネ合わせをしていただいた日のこと。文字どおり「目からウロコが落ちる」ような体験が待っていました。

くわしくは本文に記しますが、問診票に食生活を細かく書かされることから始まり（ケーキ、アイス、アルコールの摂取状況など）、2時間近い検査を経て、ぐったり疲れました。でも、組み上げていただいた検眼用メガネをかけ、店内の窓から「外を眺めてください」といざなわれたとき、世界は、3Dになった。

……という衝撃は実はなく、少し建物の立体感や、木々の陰影が増したかな？　というくらいの感覚でした。それは飛び出す絵本のなかに入ったような、不思議な感覚といえないこともなかった。でもＳＮＳやブログで「世界が一気に変わった」「涙が出てきた」と書いている方たちはおげさかな、と正直思ったくらいです。

しかし、ほんとうに驚いたのはその後でした。「これを読んでみてください」と渡された三島由紀夫の文庫本を開いた瞬間、

本から、ことばが、飛びだしてきた

これは、心底びっくりしました。なんと表現したらよいでしょう。せき止められていた川が、とうとうと流れだし、しぶきが立つように、ことばが際立って、波になって、渦になって、眼に飛び込んできたのです。

なんですかこれは。子どものように私は歓声を上げました。読める。どんどん読める。

そのメガネを着用した日から、1.3倍速の体感で、本が読めるようになったようでした。1.3倍違うと、時間の体感が変わります。それはなつかしい感覚でした。小学校の放課後、明智小五郎やホームズ・シリーズを夢中で読んだとき、時間はこんな感じで流れていたように思います。

そして、日を追って心身でも変化が起こりました。それまで地図を開こうとも思わず、食わず嫌いをしていた地への旅行に出かけたり、想像するだけでじんましんが出そうだった量子力学の勉強に興味が出て、素粒子にかかわる論文を読むことが趣味になったり。頭にかかっていた霧が晴れ、意欲が増していくようでした。

けっして何かの能力が向上したわけではありません。でも、今まで自分がとらわれていたもの、恐れていた障壁の輪郭がやさしくなり、前より怖くなく「見える」感覚があります。

こうした感覚を、大勢の方と共有できるならば、ぜひ体験してほしい。メガネひとつで、見える世界が大きく変わる感覚をお伝えしたい。学生さんがこうしたメガネをかけたら、勉強やスポーツが好きになり、意欲が向上するのではないか（実際に成績が上がる方がたくさんいるそうです）。かくして、メディアに出ることが苦手で、数々のテレビ出演や新聞、雑誌取材を断りつづけたとよふくさんを説得し、本書を出版させていただくことになりました。

「眼鏡のとよふく」は、昭和の初めから四代、90年余にわたってひたすらメガネ合わせをつづけている老舗で、今は千葉県佐倉市に店を構えています。一見ふつうの、街の小綺麗なメガネ屋さんですが、その経験の知の集積は膨大です。これまで、ほとんどメディアに出てこられなかった理由のひとつは、メガネ、コンタクトレンズ、レーシックなどの視力矯正にまつわる恐ろしい実態をご存じながら、売り手の市場原理のために、なかなか世間に訴えづらかったこと。もうひとつは国内、国外から多くのお客様が来店され、近年は予約に数か月待ちであること。

検査に最低でも1～2時間をかけることから、一定数以上のお客様を診ることは難しく、「精度の高い検査ができるお店が、もっと国内に増えてほしい」と、切実に願っていらっしゃいます。

そのため、まずはユーザーの方々に、ほんとうに合うメガネとはどういうものか、人生の可能性にかかわる重要なツールであることを知ってほしい。そして巷のメガネ店で検査を受けるときに、本書に出てくるような検査は可能か、尋ねてみてほしいと。

そうしてユーザーの知識が深まれば、ともに技術を高め合おうとする同業者が増えるだろうと願っていらっしゃいます。そんなとよふくさんの思いを、私が聞きとり、本書で少しでもお伝えできればと思っています。

それでは、とよふくさんにバトンタッチをしましょう。

はじめまして。私は「眼鏡のとよふく」の代表をつとめております、豊福と申します。当店の四代目に当たり、現在は総勢10名ほどのスタッフで一店舗を切り盛りしております。

この本を手に取られる方は、眼に悩みをもっておられるか、見え方を改善し、生活の質を上げたいと思っていらっしゃるのではないでしょうか。

成績を上げたい学生さん、仕事のパフォーマンスをよくしたいビジネスパーソン、身体の不調に悩む方、若さを保ちたい方、「それらの大きなカギが、眼にあるのではないか」と。

皆さんの勘は、当たっています。カギを2点にしぼると、**（1）眼の緊張をゆるめることと、（2）左右のバランスのよい両眼視です。**これからゆっくりご説明しましょう。

なかには、日ごろから食事に気をつけたり、運動にいそしんだり、健康の情報に敏感な方もいるでしょう。でも、**からだに取り入れるすべての情報のなかで、80％以上を占めるといわれる視覚情報、すなわち「眼」についてはいかがでしょうか？**

せっかく健康に気をつけているのに、「眼」に関しては、視力という数字だけをバロメーターとしたメガネやコンタクトレンズ、視力回復術によって健康を損なっている方が多いのです。

逆に、ご自分に適切な調整をし、見え方を改善すると、頭痛、目まい、肩こり、腰痛、慢性疲労、自律神経失調症、血行不良、代謝異常、ほか多くの不定愁訴が改善することは、あまり知られていません。これらの不調の9割くらいは、メガネで解決とはいかなくても、フォローできるのではないかと思っています。

私たちは、メガネ店だからメガネをおすすめするのではないのです。そのひと本来の「見る」力を取り戻すことで、本来の生き方を取り戻し、生き生きと歩いていかれる姿を見ることが、ほんとうにうれしいのです。そのために、メガネにできることは大きいと確信しているので、これまで、あまりお伝えしていないお話をさせていただこうと思っています。

目に見える世界が変わったことを喜び、当店を「魔法のメガネ屋」だとか、「伝説の店」だと言ってくださるお客様がいらっしゃいます。逆に、「魔法のメガネ屋と聞いたのに、いっこうに魔法がかからないじゃないか」「病気が治らないじゃないか」という方もいらっしゃいます。

ご自分の生き方に合ったメガネをかけると、身体のいろいろな不調が緩和されることは、これまでとよふく代々、8万人以上のお客様に実感していただきました。

しかし、それは、あくまでもご自分の見方、生き方が変わったからでしょう。メガネをかけた瞬間、血圧や血糖値や腫瘍マーカーの数値が下がると言ったら、それはオカルトです。でも、眼や脳によけいな負荷がかからなくなり、そのぶんのエネルギーが疾患の回復力にあてられるとしたら、それは科学です。

「魔法」と思うほどの心身の変化があったとしても、その魔法をかけたのは、「メガネ」という道具ではなくあなた自身です。ご自身が、メガネによって眼の力を取り戻し、健康を回復されるのです。

ひとが生きていく上で、**すべての入力情報の80％以上を占めるといわれる眼は、単にものを見分けるだけではなく、自分の精神世界と、外の現実世界とを結ぶ「窓口」**といえるでしょうが、メガネは、その窓口のはたらきを助けるツールにすぎません。

ですから、メガネ屋としての私たちの願いは、主役のあなたに楽にツールをお使いいただいて、本来の眼を取り戻して、それぞれの世界をのびのびと歩いていただくことだけです。

しかし、私たちの眼をとりまく環境はこの十数年で激変し、見える世界は複雑になりました。パソコン、スマートフォンというデジタル機器の普及で、眼の負担は激増しました。同時に、時代は今までにないメガネブームです。街にはカラフルでユニークなメガネをかける人々が闊歩し、レンズは組み合わせ方によっては1億通り以上、フレームも価格も、百花繚乱となりました。

ところがメガネ合わせの技術というと、機械にまかせて、数分の検査で済ませるお店も多いのが現状です。世界の多くの先進国にある、メガネ調製のための国家資格が、日本にはないことも、なかなか技術が深化しない理由かもしれません。

そのため「とりあえず見える」だけのメガネをかけて、仕事の能率や、日々の楽しさを損なっている方がたくさんいます。それを年齢や、環境のせいだと、あきらめていらっしゃるようです。

しかし、メガネを自分に適合したものに変えると、世界の見え方が変わります。感覚が変わると、身体や気持ちが変わり、生き方が変わり、家族が喜び、まわりの縁あるひとびとが喜んでくれるようになります。

「メガネを変えれば人生が変わる」。そうなれば、まさに魔法のメガネといえましょう。ただし、そんな魔法のメガネを使いこなすには、いくつかの秘訣があります。

秘訣をお伝えするために、まずはからだと、眼と、メガネがどんなふうに影響し合っているか、しくみのお話からさせていただきましょう。少し難しいかもしれませんが、しくみがわかるだけでも、生活の気づきがたくさんあると思いますので、おつきあいください。

※本書で紹介するお話は、私たちとよふくの90年余で得た経験からお話しするものであり、事例によっては医学的、歴史的に諸説あることと思います。また、お客様の体験談は、あくまで個人の感覚によるものです。

もくじ

漫画 花小金井正幸
装丁・図版 小林直子（ウムラウト）
図版 大野佳恵
撮影 石川耕三
編集 青木達郎（スタジオポケット）

第1章

眼は「大脳の一部」

目が悪くなるメガネ？

「メガネをかけると、目（眼）が悪くなる」と聞いたことがありませんか？　これは、ある面では当たっています。

今、日本のメガネ店では、数分の簡単なコンピュータ検査と視力検査で、度数調整をし、現状よりよく見えるメガネやコンタクトレンズをつくることが大半だと思います。この「よく見える」がくせものです。一時はよく見えても、のちに、視力が上がったゆえの疲労が原因で、近視の度数が進むことがあるのです。

眼だけならまだしも、気軽につくったメガネやコンタクトレンズが原因で、こころやからだが病むことがあります。特に、遠くの風景がよく見えるけれど、手元を見ると疲れる、というレンズは要注意です。

どういうことか、まず眼が物体を見るときのしくみから、ご説明しましょう。

外から**「角膜」という窓**を通して光が入ると、**「毛様体筋《もうようたいきん》」などの調節の筋肉**がはたらいて、**「水晶体」というレンズ**をふくらませたり、薄くしたりします。そのふくらみ具合で、取り入れた

眼のピント合わせのしくみ

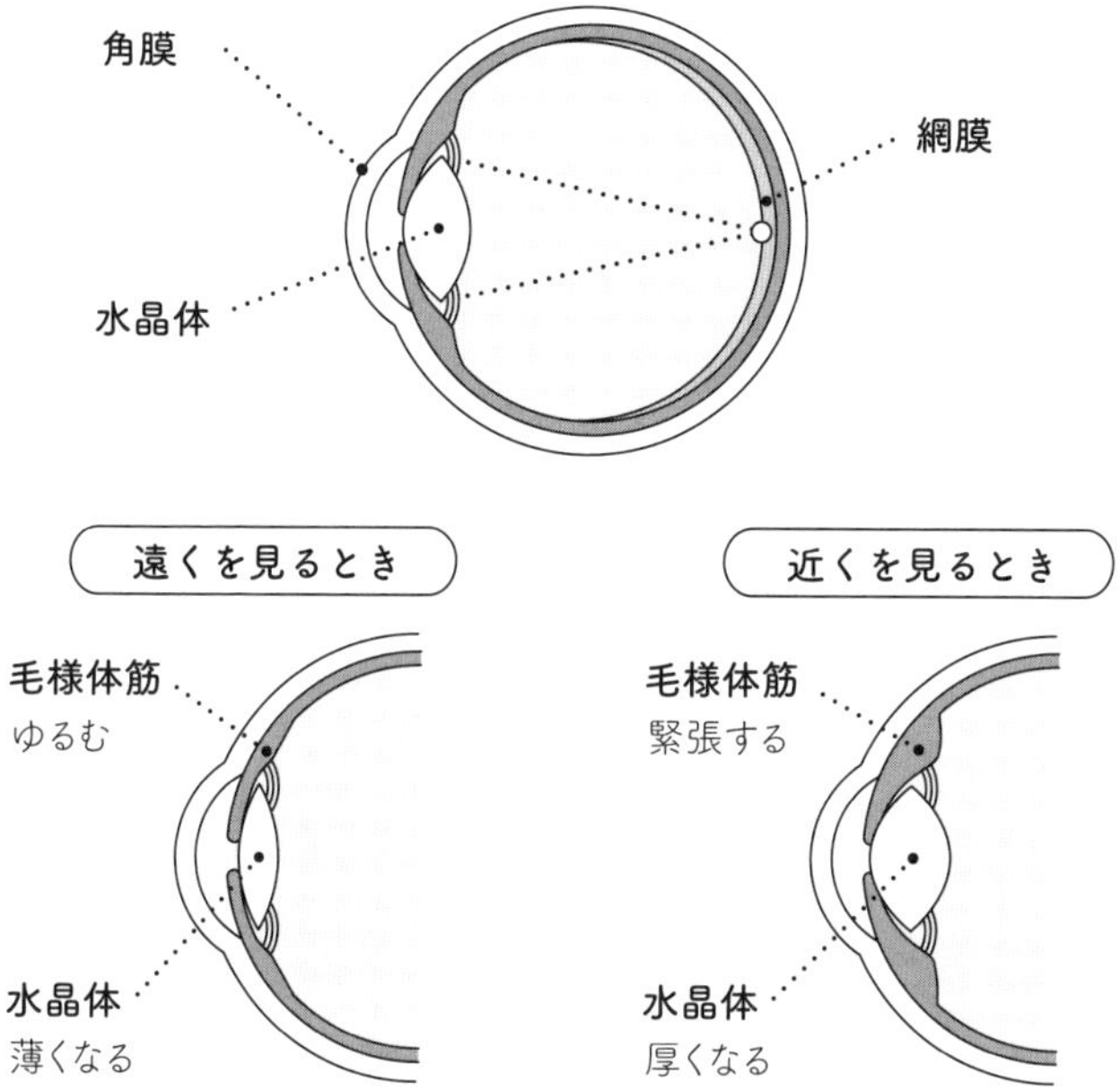

光の角度を変えて、**「網膜」というスクリーン**に画像のピントを合わせます。遠くを見るほど筋肉はゆるみ、近くを見るほど筋肉はがんばってピントを合わせます。

ということは、遠くがよく見えるメガネやコンタクトを装着すると、近くを見るときは、筋肉ががんばって角度を変えないとピントが合いません。パソコンやスマートフォン作業、読書などをするとき、眼の筋肉にはとても緊張がかかり、力んでいるのです。この知らず知らずの「力み」が、視力低下の一因になります。眼は、近くの作業でも楽になりたくて、力まずともピントが合うよう、どんどん変形していくからです（37ページ参照）。

そうして近視が進むと、ますます遠くが見づらく、ぼやけます。遠くの風景がぼやけているということは、ピント合わせをする筋肉には緊張がかからないので、眼はゆるんだ楽な状態であるはずです。

ところが、ひとは、はっきり見えないことで脳やこころがイライラしたり、不安や恐怖にかられて、「もっと遠くをくっきり見なくちゃ」とメガネ、コンタクトの度数を上げてしまいます。こうなると「過矯正」といわれる状態ですが、遠くが見えるので、脳やこころはいっとき満足します。


しかし、入り口である眼のほうはどうでしょう。そうしたメガネで近くを見るとき、ピント合わせをする筋肉は、ますます力むことになり、眼球を締めあげて変形させ、さらに視力が低下する原因になります。

また、眼のピントを合わせる筋肉と脳の自律神経には、密接なつながりがあるので、眼の緊張は、視力低下だけでなく、からだ全体の神経伝達に影響するのです。肩こりや腰痛、頭痛、目まいなどを誘発し、さらに血行不良、内臓疾患、慢性疲労につながります。

たかがメガネで？　と思われるかもしれませんが、五感でとらえる全情報の80％をになう眼の疲れは、こうしてからだ全体の疲れに直結します。あなたが今お使いになっているメガネは、いかがでしょうか。遠くばかりよく見える、過矯正の状態になっていないでしょうか。

見る力とは「視覚」＋「視力」のバランス

快適に「よく見える」メガネとは、眼を緊張させるものではいけない。度数を上げて「視力」を出すだけではうまくいかないことがお伝えできたでしょうか。もっと、脳やからだ全体を考慮した、「視覚」についてとらえることが必要になるのです。

「視覚」とはどういうことか。これについて、簡潔にご説明してみましょう。

まず**【1】「現実の眼」とも呼ぶべき、眼で見る風景があります。光感覚、色感覚、奥行知覚（立体視）、運動知覚など、眼というスクリーンを通して脳に映す、リアルな映像です。**

それに対し、【2】「こころの眼」と表現されるような、バーチャル映像があります。思考、感情、予測、過去の思い出など、イメージの風景です。

「視覚」とは、これら【1】実際に見えるリアルな映像と、【2】こころで見るイメージ風景との、両方でなりたっています。広さや、奥行きや、揺らぎや、パラメータ（外側から影響を与える値）があるのです。ですから見る力とは、「視力」のようにいちがいに数値であらわせるものではありません。

「視覚」を測るには、**明視距離**（疲れずに物体をはっきり見つづけることのできる眼と物体との距離。パソコン、スマホ、読書では約20〜50㎝）や、**両眼視機能**（左右の眼で見た物体のズレを脳でどう処理しているか）といった検査で、そのひと全体の見方をつかむ必要があります。

両眼視機能に問題のある方は、ご自身の眼球運動や、脳による**融像**（左右の網膜に映った像を融合し、ひとつの像として認識するはたらき）で、無理やりにズレを修正して見ています。この負担も、視界が二重になったり、頭痛がしたり、肩が凝ったりといった症状につながります。これを補正し、楽な「視覚」へと調整できる器具はメガネだけですが、数分間の検査では、とうてい測りきることができません。

また、「見る力」の一部にしかすぎない「視力」が、固定の数字であらわせるものではないというのは、状況、心情、動作によっても変わるからです。

たとえば、映画のシーンに心を奪われているとき、友人とくつろいで食事をしているとき、会議室でパソコンを使ってプレゼンをするとき、山でトレッキングをするとき、「視力」はことごとく、変化しています。

恐怖や緊張、疲れで視力は低下することもあれば、リラックスして副交感神経が優位になることで、ふだんは見えていないものが見えることもあります。

そもそも、皆さんがふだん見る対象は、動いているものも多いでしょう。ですから、視力検査表にぴたっと固定されたランドルト環（Cの字型の黒い輪）を見て、それが自分の固定された視力だと思うことはナンセンスです。**視力は、いつも変化しているのです。**「勘」というあいまいなセンスによっても、ランドルト環の見え方は変わります。同じような視力でも、勘がはたらく、はたらかないで、見え方が違うことがあるのです。ですから私たちは、お客様がランドルト環を見てしかめっ面をしているとき、「考えないで勘でお答えください」とお声がけしています。「勘……？」と戸惑われますが、その方の見る力の揺らぎを探りたいのです。

ものを「見る力」とは、この定まらない「視力」と、奥行きのある「視覚」との総合のバランスです。「視力」の度数に固執して、ただ数値を上げて矯正するだけでは、疲労するだけでなく、「視覚」のバランスが崩れることがあります。

「よく見える」メガネやコンタクトに変えてから、しばらくして、気持ちやからだの調子が「よくない」と感じるようになった方はいませんか？ それを体験した、アスリートの具体的な例をご紹介しましょう。

視力より身体感覚を重視したイチロー選手の例

「視力」矯正でかえってパフォーマンスが落ち、「視覚」を重視した例として、メジャーリーガーのイチロー選手の話を、大阪で「視覚情報センター」を営んでおられる田村知則先生がご紹介されています。

イチロー選手は「眼がよい」「動体視力がよい」とメディアでよく称賛されていました。しかし、プロ入りした直後からアメリカに行くまでの間、ビジョントレーナーとして接した田村先生の見立てでは、数値としては視力や動体視力はさほどよくない。スポーツ選手の基準からすると、むしろ低いほうだったそうです。

大リーガーとしての初シーズン前に受けたメディカルチェックでは、「視力がかなり悪く、光に対してもうまく反応できていない。このままでは成功しないだろう」とドクターに診断され、コンタクトレンズかメガネの装着、または近視の手術を強くすすめられたそうです。

しかし、オープン戦などでコンタクトレンズを試したイチロー選手は、身体感覚的に違和を覚えたそうです。そして自分の直観にしたがって裸眼を選択しました。その結果は、皆さんがご存じのとおりの戦績です。

「視力を矯正し、はっきりくっきり見えると、頭の意識はとても満足しますが、気がそちらに固まってしまい、逆に身体感覚が鈍くなる例もよくあります――（略）――この話は、視力や動体視力などのように、部分を数値化したものでは、本当の眼の能力は測れないことを教えてくれます」

田村先生は、著書『快視力』（草思社）でそう述べています。眼とは、「視力」という一部分の数字ではなく、総合的な「視覚」において測るべき能力だという、豊かな示唆です。私たちメガネ屋にとって、視力ばかり重視するメガネでは、その人らしい幸せをサポートできないと思う理由も、こうした専門家たちの取り組みが物語っています。

どんなに遠くの事物がくっきり見えても、それが、本来の視覚より平面的で、奥行きにとぼしいものであったら？　自分の感覚にせまるものとしてとらえられなかったら？　その色が、適切な刺激として頭に入らなかったら？　それが何年、何十年もつづいたら、そのひとのこころとからだには、どんな影響が出てくるでしょう。

視覚のバランスが大事な一面として、赤色の例を挙げましょう。

血の色である「赤」は、私たち人間にとって、本来、他のどんな色より刺激的な、特別な色として知覚されるようになっています。生命力やその危機にかかわる色として、脳に訴えてくるからです。

しかし、視力ばかり強化し、視覚のバランスが取れないまま暮らしていると、しだいに赤への注意力は薄れ、青や黄、その他たくさんの色のひとつとしか認識されなくなります。血の赤、信号の赤、救急車両の赤、ファッションの赤……そこに意識が向かなくなることは、人間らしい感覚を損なうことかもしれません。

遠くのものがくっきりはっきり見えることより、そのひとらしい「視覚」を取り戻し、こころとからだを統合するメガネが必要なのは、こういうわけです。空は澄んで、草木は青々と、夕陽は赤く、建物はより隆々と、生きものは生き生きと躍動して見える、そういう見え方でいることが、生きるということではないでしょうか。

眼＝露出した大脳

眼と、脳やからだが具体的にどんな関係にあるのか、気になる方も多いでしょう。**「眼は脳に直結している」「眼は露出した脳の一部」**だといわれます。実際に、脳神経の指令系統のうち、半数が眼の動きにかかわっています。では、その「露出した脳」がものを見るしくみについて、お話ししましょう。

視覚情報の流れ（簡略図）

網膜に映った視覚情報は、視神経を通じて脳の視床で整理され、
視覚野で映像として認識される

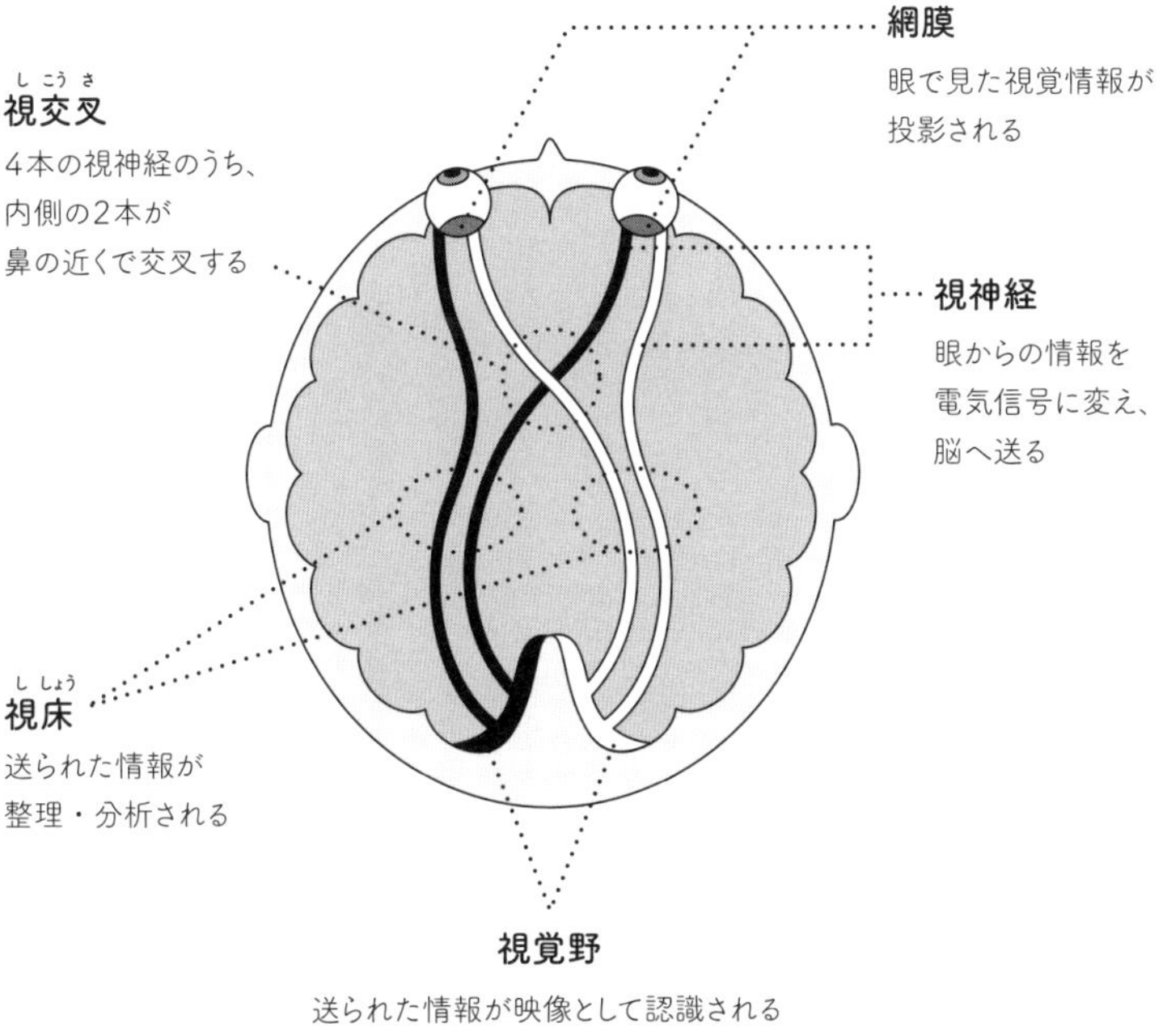

網膜
眼で見た視覚情報が投影される
視交叉《しこうさ》
4本の視神経のうち、内側の2本が鼻の近くで交叉する
視神経
眼からの情報を電気信号に変え、脳へ送る
視床《ししょう》
送られた情報が整理・分析される
視覚野
送られた情報が映像として認識される

大昔、われわれの先祖にまだ眼がなかったころ、「どうしても外が見たい、見たい」と切望するあまり眼が脳の外へ飛び出してきた、という説があります。実は、眼の進化の過程は、生物学的にあまりくわしいことはわかっていません。しかしひとが生を享《う》け、お母さんの胎内で妊娠5～6週目を迎えるころには、脳とともに眼はすでに形成されています。それほど重要な第一の器官であることはまちがいありません。

眼は、その上から前頭葉が守るように覆いかぶさり、太く短いコードの束のような視神経でつながって、ふたつぶらさがるように前面に出ています。

そうして、光を取り入れて、眼球の底にあるスクリーン（網膜）に、見た映像を映します。その光の情報を、電気信号に変えて大脳の後頭葉に送り、情報を分析します。

ひとは、実際は眼で見るというより、眼を通して、大脳で物体を見ているといえます。この「見る」という機能を考えるヒントに、衛星カメラの映像があります。

たとえば、宇宙から送られるアメリカ空軍の偵察衛星のデータ。小さな映像はピントがぼけて、何が映っているのかわかりませんが、コンピュータで解析すると、地上の人物まで見分けられるほどシャープな映像になります。

同じように、眼は、まず生のデータを撮って、脳へ送ります。そのデータを、映像として認識するのが脳のはたらきです。

このとき眼から送られた映像がシャープで、情報量のバランスがよければ、大脳はその解析に労力をさくことがなく、反応したり考えたり、情報処理に集中できます。

しかし、ピントが合っていなかったり、左右の位置情報が大きくズレていたら、まず、映像の処理をしなければなりません。

逆にピント合わせに鋭く力が入りすぎている（度数が強すぎる）と、そこにばかりエネルギーが費やされます。その調整でひとしきり疲れてから情報処理するとしたら、脳の効率はどうでしょう？　限られた時間のなかでは、収集できる情報も少なくなり、肝心なデータを見落とすこともあるでしょう。

これを球技スポーツで考えてみましょう。どれだけ球を的に当てる素振りや筋トレをがんばっても、もともとの上下左右のデータ（球の見え方）がズレていたり、的を注視することばかりにエネルギーをとられていたら、素振りや筋トレは非効率的になります。ズレを脳で修正してから打たないと、的にはヒットしません。

本を読んでも、文字へのピントが合いづらかったり、ピントに力が入りすぎてこわばっていたら、脳が文字そのものの判別にエネルギーを使ってから、文意を解読しなくてはなりません。

私たちがなかなか勉強や仕事をしてもはかどらない、熱心に練習してもスポーツや趣味の腕前が上達しないのは、こうしたデータ入力のロスが原因であることも多いのです。

逆にいえば、「なんでこんなことが頭に入らないのだろう、できないのだろう」と嘆いていたことが、眼↓脳↓手足への入力がスムーズになると、すんなり解消するかもしれません。

「よく見える」ということは、すみやかに感じられる、考えられる、動けること。眼と脳と手足がスムーズにリンクしていることです。

レンズ（眼）を通して映像が網膜スクリーンに届く入力の部分をハード、それを脳が処理してアウトプットする器官をソフトとすると、このハードとソフトがいかにスムーズに連携しているかが「見える」質を左右します。

こう考えると、入り口の度数を強くしただけのメガネやコンタクトレンズでは、「よく見える」とはいかないことが、さらにおわかりでしょう。レンズというハードばかり高性能でも、ソフトとのバランスが適切でない装備は、かえって眼と脳に、ちぐはぐな負荷をかけるのです。

第２章

「視力至上主義」が招く憂うつ

メガネ合わせ後進国、コンタクトレンズ大国、日本

日本人で「近視」である人口は、全人口の70％にもなるといわれています。本書でお伝えしたいことのひとつは、合わないメガネやコンタクトレンズによって、いかに本来の視覚の豊かさ、楽しさ、健康を損なっていることが多いかということ。特にコンタクトレンズによる弊害です。

冒頭でご紹介したとおり、日本のメガネ人口は約7500万人といわれ、全人口の1.7人に1人がメガネを所有しています。そして、コンタクトレンズの装着人口は約2000万人、成人の約5人に1人以上がコンタクトレンズをつけていると推測されています。世界トップクラスのコンタクトレンズ大国です。

1991年に使い捨てコンタクトレンズが発売されてから、装用者が急増。その状況にともなって眼に疾患のある人が増えたといわれ、量販店での安売り競争や、インターネット販売の普及が、眼に問題のある人の増加に拍車をかけているといわれます。

視力矯正のためでなく、ファッションのための「カラコン」ことカラーコンタクトを装着している率も、世界トップクラスといわれています。日本ではコンタクトレンズ店の併設クリニックで、研修医や、本来は眼科専門でない医師の検査を受けて購入することができます。それどころ

か、専門店での検査を受けずに購入する方も多いですが、諸外国ではコンタクトレンズ、そしてメガネは「医療機器」だという認識が強いようです。

メガネについて、たとえばドイツでは、取得までに約9年もかかる「ドイツ国家公認眼鏡マイスター」という資格があり、マイスターはユーザーの健康面や、生活の問題を細やかにふまえてメガネ合わせをします。

アメリカには「オプトメトリスト」という資格があり、こちらは医学的な面に重点が置かれているので、有資格者は「ドクター」と呼ばれます。日本にはない「眼鏡学」という専門分野も確立されています。

そのほか、「世界オプトメトリー会議」に参加している45か国の先進諸国では、メガネの調整には3～8年の専門教育を必要とする国が多いです。北米、ヨーロッパ、東南アジア、東アジア諸国の多くで、専門教育を土台とした公的資格が定められています。

しかし、日本には国が認めた眼鏡士資格は存在せず、専門学校や業界団体などが認定した資格しかありません。日本は「メガネ合わせの資格」においては後進国といえるかもしれません。レンズやフレームづくり、検査の技術自体は優れているので、高度経済成長期ごろまでは、海外の富裕層は日本にメガネをつくりに来るのがステータスであったのですが、残念なことです。

2001年に、ようやく社団法人（現・公益社団法人）日本眼鏡技術者協会が認定・教育する「認定眼鏡士」という資格がスタートし、知識や技術の厳しい審査をパスした人に資格が与えられるようになりました。

とよふくでも、社員のすべてがS級、SS級といった、認定眼鏡士の資格を有しています。最上級はSSS級で、2018年現在、日本での保有者は約400人です。SSS級ともなれば、「メガネにまつわる知識をどれだけ広範に取得しているか」という、眼とメガネのスーパークイズ王という感じです。私たちも、いずれはSSS級にチャレンジしたいと思っています。

戦争を引きずるメガネの歴史

では、日本はいかにしてこのようなメガネ、コンタクトレンズ大国になったのでしょう。その経緯はこのように伝わっています。

江戸時代後期に、視力矯正のための道具として、メガネはすでに製品化されていました。一両二分とか、今の値段に換算すると十数万円する高額なオーダーメイド品として、一部の大名や公家などに使用されていました。

現在のように市民に普及した大きなきっかけは、明治後期の日露戦争（1904～1905年）

です。戦局がどうなっているか、新聞で読みたいがために、急速にメガネが普及したのです。とはいえ、当時は18金のワイヤーをひねってひとつひとつのフレームを手づくりする方法が主流でした。とよふくの初代にあたる曽祖父は、こうした手法でつくっていました。

それから太平洋戦争時（1941～1945年）にも、同様の理由でメガネ着用者が爆発的に増えました。「メガネザル」というイメージで外国人に揶揄されていた日本人ですが、メガネをかけはじめた理由は切迫したものだったのです。

そもそも視力検査は、1927年に公布された「兵役法」で国民に義務づけられたものでした。戦場では、遠くがよく見える兵士ほど優秀とされ、視力のよさは国民の誇り、視力の弱さはうとまれました。

しかし、今は戦争の時代ではありません。はるか遠くの戦闘機を見張る視力は要らないはずですが、正視（37ページ）を誇りに思い、近視を悪とする風潮は続いています。

暗がりで、あるいは行儀の悪い姿勢で読書などをしているとき「目が悪くなるよ」と、親や教師に注意されたことのあるひとも多いでしょう。あげく、少しでも視力が下がると叱られたり嘆かれたりで、早くから近視トラウマになるひとも多いようです。子どもが小さいうちからメガネをかけるようになると、「あーあ」と親の監督不行き届きをなじるような風潮さえあります。お父さんとお母さんが不仲だと、それを目に入れたくないために、あえて手元にしかピントが合わなくなる、心因性の近視もあります。そうなると、ますます子どもにとって、メガネがコンプレックスとなることは気の毒です。視力が下がるだけで、眼の質が下がるわけではないのですから。

今や国じゅうが「はっくりくっきり、よく見えなくては」の視力至上主義といえる日本人です。そうかと思えば、よく見えていない人口の1割くらいが、近視を認めたくなかったり、メガネの疎ましさのあまり、裸眼のまま放置しています。

近視であることは、デメリットばかりではありません。近距離での作業に集中しやすかったり、作業のストレスがたまりにくかったりという側面があるのです。

実は、新生児の多くは、遠視（瞳から網膜までの眼球の長さが短く、ピントが網膜の後方にある）状態ですが、成長にしたがって眼球の長さが伸び、ピントの位置が前に移動して正視になる傾向があります。もちろん個人差はあります。

さらに成長すると、ピントの位置がより前に移動し、近視へと屈折状態が変化していきがちです。近視は、ある意味では成長のあかしともいえるのです。

個人差があり、いちがいには言えないのですが、欧米人は、アジア人に比べると、ピントがもともと網膜の後方にある遠視タイプが多く、網膜の前方にピントがある近視になりにくいようで

遠視、正視、近視の筋肉（毛様体筋）の力み方

遠視

近くを見るとき

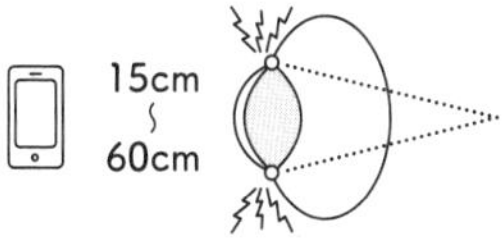

ピントは網膜よりかなり奥

見ようとすると、遠くを見る以上に強く筋肉が緊張。遠視の度数によってはピント合わせに限界があり、年齢を重ねるごとにぼやけたままになりやすい

遠くを見るとき

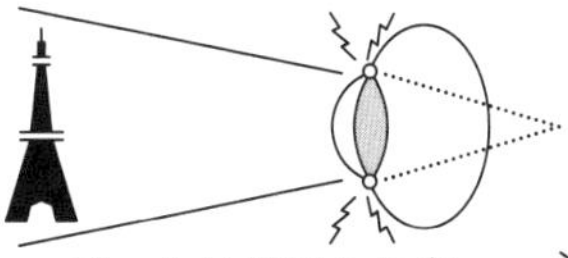

ピントは網膜より奥

見ようとすると筋肉が緊張。水晶体がふくらんで調節することで、網膜にピントが合う。はっきり見ている状態

正視

近くを見るとき

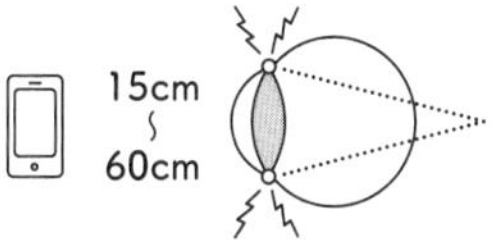

ピントは網膜より奥

見ようとすると筋肉が緊張。水晶体がふくらんで調節することで、網膜にピントが合う。高齢になると筋力が落ちて、ピントが合いづらくなる

遠くを見るとき

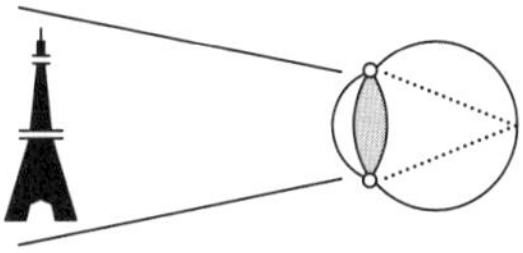

ピントは網膜上

力まなくても網膜にピントが合っているため、自然に見える

近視

近くを見るとき

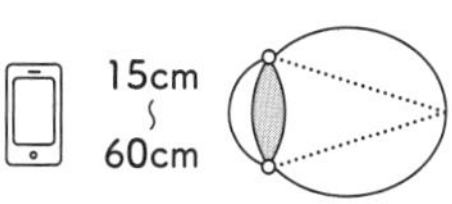

ピントは近視の度数によって異なる

筋肉が力まなくても、自然にピントが合う距離がある（多くは15～60cm）。その距離ではリラックスして見える。そのため筋力が落ちても、一見、老眼になっていないように感じられる

遠くを見るとき

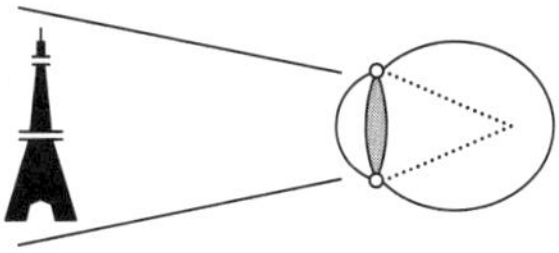

ピントは網膜より前

見ようとしても、筋肉が弛緩していて、水晶体は薄くならない。網膜にピントが合わず、ぼやけたままになる

す。

欧米人と比較すると、アジア人のほうが近視になりやすいといわれます。これは、アジア人には早くから農耕文化が根づき、欧米人より近距離作業が多く、遠くを見る必要性が低かったためではないかといわれていますが、はっきりしたことはわかっていません。

こうして、遺伝や環境によって近視になる場合があり、眼に悪い作業をしたから近眼になるわけではないので、近視＝悪、正視＝正義という、「視力至上主義」から抜け出していただきたいことは、くりかえしお伝えしたいことです。

しかし、戦前と戦後で大きく変わったことがあります。戦前の日本人のメガネの多くには、今のように、乱視を補助するためのレンズは入っていませんでした。ほとんどの人は近視か遠視……つまり、見るものまでの距離によって見え方が違うだけの眼であったので、ピント合わせをするだけでよかったのです。

ところが、戦後は、ただピントが合うだけのメガネは使い物にならなくなりました。ひとびとの眼の使い方は急速に変わり、眼球や角膜が複雑に変形し、見る部分、見る部分によってピントが合わない「乱視」が増えたのです。

ちなみに「乱視」とは、近視や遠視と違う種類のものではありません。「近い所」とか「遠い所」とか、見る距離によって、全体にピントが合わないのが近視や遠視です。そのなかで、特にある方向が近視や遠視になる状態が「乱視」です。

戦後、ひとびとはそのように眼が複雑に変形するような見方をするようになったということです。GHQによる戦後政策で、日本のライフスタイルは劇的に欧米型に変化しました。欧米型食生活や、より極端になった近距離作業が、眼にも作用しているのだと思います。食生活と見え方については、第5章をご参照ください。

逆にいえば、戦前までは、ひとびとは眼がそんなゆがみ方をしない見方をしていたのでしょう。武道をたしなんだり、自然の景観とともに暮らす方も多く、偏った見方、無理な見方をしない習慣を身につけていたこともあるでしょう。

両眼視機能検査の草分けとして、とよふくのあゆみ

ここで、当店のささやかなメガネづくりの歴史も、お伝えしたいと思います。とよふくは四代にわたってメガネづくりをしておりますが、なかでも私の祖父に当たる二代目は、早くから研究熱心でした。今でも、日本ではごく一部の、技術のある店でしかおこなわれない**両眼視機能検査（左右の眼で見た物体のズレを脳の視覚野でどう処理しているか）**を、昭和40年代なかばから実用

両眼視にズレがあるとこう見える

両眼視機能検査の中の「コの字テスト」と呼ばれるもの。

両眼視に問題がない場合は、左眼で見た像と右眼で見た像がぴったり合わさって見える。

「不等像視《ふとうぞうし》」（左右の度数が違う）がある場合は、コの字の大きさが異なって見える。

「上下斜位」（視線が上下に向いている）がある場合は、コの字の上下がずれて見える

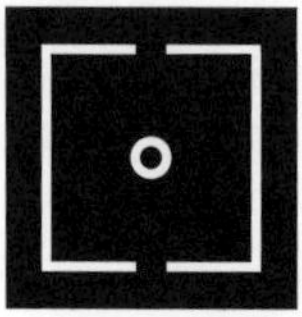

両眼で見た像

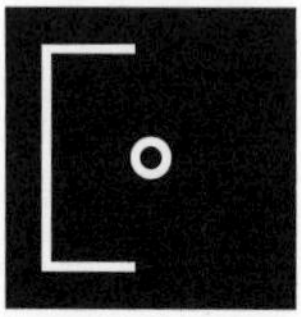

左眼で見た像

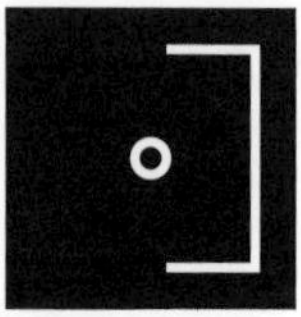

右眼で見た像

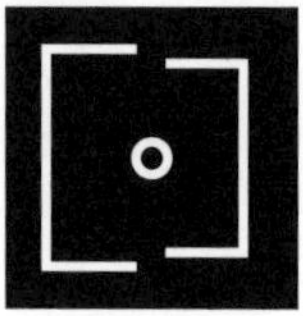

不等像視がある場合

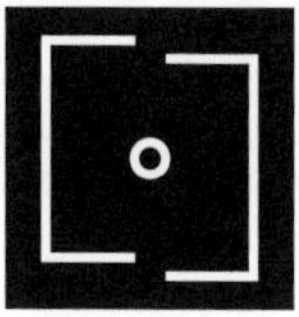

上下斜位がある場合

化していました。

　そのきっかけは、職人気質の祖父を助けてよくはたらいた祖母です。もともと元気な人間でしたが、偏頭痛と肩こりに悩まされ、しだいに伏せりがちになりました。祖父は、祖母をよくいたわって、漢方やマッサージなど手を尽くしました。ところが調べてみると、祖母は、視力はよいのに、両眼視に微妙なズレがあったのです。

　そこで祖父は、祖母を被験者にし、さまざまな検査を試しました。精度が上がるにつれて、祖母の体調がよくなり、性格もおだやかになってきました。メガネの合わせ方ひとつで、これほど祖母が変わっていくことに、父たちもびっくりしたそうです。研究の成果は

お客様にも生かされ、両眼視機能検査の実用化にめどがついてきました。

そのころ父は、おかしなことに気がつきました。来店するお客様の症状に、異変が見られるようになったのです。黒目が震える眼球振とうや、白内障の方が、急に増えたのでした。

どうやら、店からほど遠くない地に造成された、鹿島コンビナートの影響があるようだと祖父は推測しました。昭和40年代、高度成長と公害時代の幕開けでした。

どうも、水や食べ物で眼がおかしくなっているようだ。眼の90%、身体の60%を占める「水」の性質が、人体にどんな影響を及ぼしているのかを調べてみよう。

そう考えた祖父と父は、篤農家《とくのうか》を中心とした研究会に飛び込み、勉強を始めました。そこで見知ったことは、農薬、化学肥料、抗生物質などが根深く組み込まれている、食環境の現実でした。

たとえば酪農家は、外では「健康のために牛乳を飲め」と言いながら、自分の子には牛乳にふくまれる抗生物質が怖くて、飲ませない。牛乳よりりんごのほうが健康によいと、見知らぬ地方のりんごをすすめる。りんご農家は、わが子には、農園が白く霧状になるほど農薬をかけた出荷用のりんごは食べさせない。遠い産地のいちごをすすめる。いちご農家は、子どもにこんなものをたくさん食べさせると危ないからと、いちごの代わりに牛乳やお菓子を買い与える。そんな不思議な時代だったのです。

祖父と父が飛び込んだ、電子技術を使った農業の研究会では水・イオンや、炭素埋設法（炭を埋めて土地を活性化させる方法）などを駆使して、農薬・化学肥料・抗生物質を減らし、食の安全と質を向上させる環境づくりを提唱していました。

今なら、きれいな水の必要性も、炭の効用も、マイナスイオンの効果も広く知られるようになりました。ミネラル水や有機農法によって育った作物を買い求めるひとびとも増えました。

しかし昭和40～50年代当時は、研究会の提唱は奇異な目で見られたそうです。技術の上でもまだ不安定なものでした。それでも身銭をきって、50人ほどで日本じゅうを飛び回り、新しい時代の種をまいていたこの研究会の活動は、現代の社会活動に生かされています。大企業に吸収され、今や痕跡が残っていない研究結果も多いですが、単なるメガネづくりに留まらない思いは、このころの活動から培われています。

よい空気、水、食がどれほど「眼」に密接にかかわっているか。それを知った祖父、父は、メガネづくりの現場に戻り、お客様の幸せにつながるメガネづくりに、いっそう精を出すようになりました。強い思いが先走って、お客様どころか、従業員にも受け入れられなかったこともありましたが、時代は少しずつ変わっていきました。

今は、眼のはたらきとからだ、食べ物の関連性を理解していただけることが多くなりました。しかし、眼の使用環境はかつてない受難の時代にあります。現代は、何百万年という人類の歴史のなかで、最も生活が変わった100年間です。特に2000年代に入ってからの約20年間で、パソコンやスマホの普及により、眼の使い方は激変しています。

もともと人類は、数百万年の太古の昔から、森や草原、海辺などを見渡して生きてきました。**何時間も本を読んだり、文章を書いたり、ましてパソコンやスマートフォンを何時間も見るようには、ひとの眼は設計されていません。時代や環境がどれだけ変わっても、眼の基本的な性能は変わらないのです。**

ですから、現代人の眼と脳は、限界を超えて、悲鳴を上げています。しかし麻痺しすぎた私たちはその悲鳴に気づくことができず、さらに視力重視のメガネや負荷の大きいコンタクトレンズを使い、不調を加速させてしまうのです。

コンタクトレンズで、脳がブラック企業に

これから述べることは、当店が長年お客様を見てきた経験からお話しするものです。コンタクトレンズをつけることで自信や活力を得て過ごされている方も多く、また、不同視や強度近視に役立つものであることを、まずお伝えしておきます。

とはいえ、私たちは、長年コンタクトレンズをつけている方々には、危機感を抱いています。コンタクトレンズをつけると、まばたきをするたびにレンズが移動し、かすかにピントがずれます。まばたきは、成人で一日平均1万5000〜2万回おこないますから、レンズをつけている人は、一日に1万5000〜2万回、ピントがずれることになります。

そのたびに、眼はピント合わせをしていますが、この労力が、どれだけ眼の負担になり、どれだけ脳の処理力のロスになることでしょう。

重労働をする脳の悲鳴を受けて、眼はまばたき自体を減らしてしまいます。すると、涙の分泌が減り、眼の表面が乾いて、傷や障害が生じる「ドライアイ」の症状が出やすくなることはよく知られています。

最近では眼科医も注意を促しますが、コンタクトのなかでも、角膜全体を覆うソフトレンズを長年使いつづけると、酸素不足により、角膜の一番内側にある「角膜内皮細胞」が薄くなり、ぼろぼろになってしまうことがあります。現在のコンタクトレンズ装着時の角膜酸素濃度は、富士山頂の酸素濃度と同じくらいといわれており、過酷な環境であることがおわかりでしょう。以前はエベレスト山頂の酸素濃度と同程度だったといわれ、これでも進化してはいるのですが。

全身のほとんどの細胞は常に新しく生まれ変わりますが、眼の角膜内皮と水晶体は、生涯でほぼ再生することのない、特殊な細胞です。**角膜の細胞が減っていくめやすはコンタクトレンズの**

使用年数分×パーセンテージといわれます。(たとえば30年の使用で30%薄くなる)。細胞の減少が進みすぎるとレーシック(53ページ)やICL(57ページ)はもちろん、白内障(加齢で水晶体が白濁し、視力が下がる病気)の手術をするにもリスクが高くなってしまい、施術の適用外とされます。

どれだけソフトレンズの加工技術が進化しても、「レンズ」として角膜に貼りつく以上、酸素や水分のめぐりの不足は免れないからです。

角膜の上を動くハードレンズは、ソフトレンズに比べると酸素透過性は多少はましですが、103ページのような「まぶたのたるみ」などの問題があります。女性の皆さんにはゆゆしき問題です。

また、コンタクトレンズは視力を上げますが、プリズム(屈折)レンズなどで繊細な調整をしたメガネに比べると、どうしても平面的にものが見えがちです。

しかし脳のほうは、世界が立体的であることを知っていますから、コンタクトレンズが平板な見え方しかできないなら、そのぶん脳での画像処理をがんばります。すると、いつも脳ばかり労働過多で、疲れるほどさらに正しい判断ができなくなるという、ブラック企業のような状態に陥ります。判断力が低下するので、ますます自分と世界との距離感がわからなくなってきます。すると

プリズムレンズの効果

眼のピントにズレがあっても、レンズで光の方向を変えればピントを合わせることができる

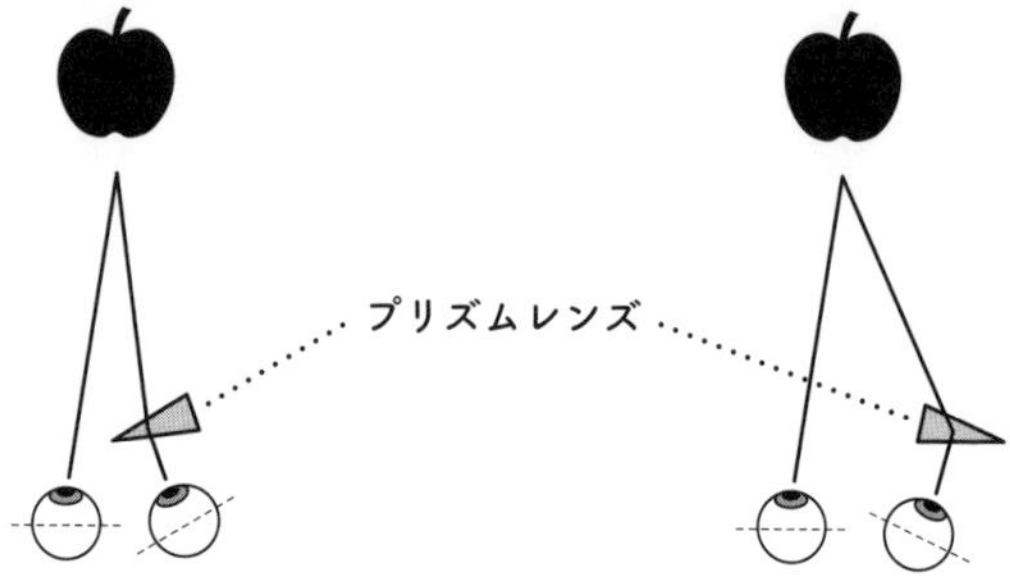

腰は引け、呼吸は乱れ、からだの軸はぶれ、こころは不安に満ちていきます。

また、先ほども述べた「ズレ」の問題も大きいです。上の図のように、眼がもともと上下左右にズレていて、両眼視機能に難がある方も多いのですが、コンタクトレンズにはそのズレを揃える**プリズムレンズ（光の進路を曲げて、ピントを合わせるためのレンズ）**を入れることができないので、ここでも、ズレを整える負担がかかっています。

無意識の疲労の怖さ

このような状態で長くコンタクトレンズを使いつづけると、眼や脳、からだはどうなっていくでしょうか。

5キロの重りをほんの一瞬持ち上げることはたやすいことですが、それは負荷として意識に上がります。

でも、1キロをいつも持たされて暮らしていると、どれだけの負担になっているか、意識に上がっているでしょうか。いつも無意識におこなう常動化した行動のなかでは、それが力を入れているのか、楽におこなっているのかの自覚さえ、もてなくなっているのです。

ただ単に、「平面的に見えてしまうから」などという見え方の問題を超えて、**日常的に脳の(使わなくていいはずの)エネルギーの何十%かを、無意識にそこに費やしてしまっている**という、根源的な問題があります。

ものが見えなくなってメガネをつくりに来るときというのは、今まで無理をして見ていた、その無理がきかないと自覚したときでしょう。その無理やり状態のまま視力検査をしても、適切なメガネはつくれません。

まして、長い期間、無理をして眼を緊張させつづけて、近視になった方は、もはや「無理」や「疲れ」を感じる感覚が麻痺してしまっています。

私たちがお客様を見る経験からいえば、日ごろ「10」の力で過ごせるポテンシャルがあるとしたら、コンタクトをつけるだけで、1か2の力が損なわれ、8の状態を10だと思ったまま、暮らしていらっしゃいます。

私は歯の矯正もこれと似ていると思います。自分が長年かけて培ってきた骨格や、頭・顎のかたち、姿勢やクセに合わせて歯は移動し、現在の、ゆがんではいるものの、そのひとの生き方に沿った歯列を形成しています。

また、手・足や、耳のツボが内臓に対応しているように、奥歯は心臓や小腸、その手前の歯は肺や大腸、前歯は腎臓や膀胱に対応していると東洋医学では学びます。ですから勉強熱心な歯科医ほど、抜歯をして強く締め上げるような矯正をせず、虫歯でさえも、できるだけ抜歯をしない治療法を探すといわれます。

不正咬合《こうごう》の歯は、10人がけの席に11人が座ってしまっているような状態です。それを抜歯して矯正することは、一見筋が通っているように思えるかもしれませんが、からだのほうは11人がけだったことを覚えています。脳も顎も骨盤も、そしてこころも、11人がけに対応してコンディショニングしてきたのです。それを矯正してしまうと、心身にはどんな影響があるでしょう。

そのひとが自ら選んだゆがみに対し、それを否定する無理な矯正をすると、異物や違和感を拒否する、免疫反応のような現象が起こり、エネルギーを消費してしまいます。自分たちの経験からも、お客様の状態からも、明らかに脳のパフォーマンスが落ちています。

それより、なぜ10人がけの席に11人座る状態になってしまったのか、なぜ無理な見方をして近視になったのかというライフスタイルを見直し、その生き方を包括するような調整をしないと、根本的なパフォーマンスは上がらないのではないでしょうか。

ですから、当店では、まず、メガネをつくりたいという方には、コンタクトレンズをお休みしていただくことをお願いしています。エネルギーを少しでも温存、そして取り戻していただくためです。そうして、お手持ちのメガネで数か月を過ごしていただき、無理が少しでも軽減できた状態で、検査の予約をお取りします。こういうと「ハードルが高い」「面倒くさい」と思われるかもしれませんが、結果的には、本来の眼のはたらきを早く取り戻せるメガネがつくれるのです。

世界のどこにいるのかわからない

生きる「自信」とは、ひとつには、自分と世界との距離感から生まれます。この世界のなかで、自分と物体、自分とひとととの間に、どのくらいの距離があるのか。いわば自分が座標のどこにいるのかがわかって、はじめてひとは安心し、自分の軸ができます。

しかし、眼が疲弊してくると、自分と世界との客観的な距離感、そしてこころの距離感がつかみづらくなってきます。そうして焦ったひとは、情報を得ることばかりに気を取られます。情報がたくさんないと、自分が世界のどこにいるのかわからず、不安だからです。

でも、先ほどもお伝えしたように、ひとの眼は何百万年も、自然の風景を見渡すように培われており、パソコンやスマホで細かい情報を何時間もたくさん集めるようにはできていません。

ですから、情報を取りすぎた眼と脳は限界を超え、悲鳴を上げています。それに気づかず、加齢や環境のせいで思考や行動力が衰えたと思ってしまっています。そして、ますます情報を集めては、ますます世界との距離感を失って不安に陥っていきます。

私たち現代人がコンタクトレンズを使いはじめて、最も長いひとで50年くらいでしょうか。50年間コンタクトレンズを装着しつづけて、蓄積した不調があっても、もはやそれを眼の不調と感じる力は失われているのです。

世界のメガネ、コンタクトレンズマーケット

人間は、飛び出た大脳である眼に、レンズをかぶせて暮らしている、地球初の生物です。しかしこの長期使用が、脳やからだにどのような影響をもたらしているか、はっきりした医療研究データは出ていません。

そうした研究をするより、約2500億円の国内市場をもつコンタクトレンズをマーケティングし、進化させるほうが合理的でしょうし、ユーザーにとっても、目の前の利便性や欲求を満たすほうが先決でしょう。

ちなみに、日本で使われている主要なコンタクトレンズは、どこの国のメーカーが多いかご存

じでしょうか？　ジョンソン・エンド・ジョンソン、ボシュロム、メジャーなところの多くは米国籍企業です。日本の眼科学や眼鏡医学も、アメリカの学会の多大な影響下にあります。そして、コンタクトレンズのコマーシャルは、ありとあらゆるメディアで喧伝されています。

その点では、「コンタクトレンズは眼を疲弊させます」と声を大にして言うのは、なかなか難しいものです。小麦のグルテンや、乳製品のカゼインの問題点を訴える一部の医師の声が、メディアで取り上げられづらいことと同じでしょう。

こういうと、売り手側の思惑ばかりが印象づけられるかもしれません。しかし先ほど申したように、日本はメガネのレンズやフレームづくり、検査の技術自体は一流で、「西のドイツ、東の日本」といわれ、昭和40年ごろまで、アメリカの富裕層は日本にメガネづくりをしに来るのがステータスでした。顧客の半分以上が米国人という店もありました。

しかしコンタクトレンズ会社のキャンペーンばかりでなく、日本人消費者の意識も変わりました。安・近・短を求める現代人の意識が、今の市場をつくったともいえるでしょう。

現在、日本で近視になった方の8～9割が、コンタクトレンズの使用を検討するといわれます。コンタクトレンズ人口は約2000万人といわれますが、「カラコン」をふくめると、一回でも装着したことのある方は、さらなる人数になるでしょう。ヨーロッパやアメリカでは、さほどではありません。なぜなら日本ほど「カラコン」をお洒落感覚でつけることが少なく、医療機器という認識が強いことはお伝えしたとおりです。最近では、日本でコンタクトレンズを新調しようとすると、あたりまえのように「カラーコンタクトもご一緒にいかがですか」とすすめる量販店が増えていますが、これも日本独特の風潮でしょう。

アメリカ、カナダなどの北米、アジアの一部、ヨーロッパ諸国にもメガネやコンタクトの量販店はありますが、それら先進国では、日本をのぞくほとんどの国に国家資格があり、「オプトメトリスト」という資格保有者でないと、メガネを扱えない国が多いことも、先にお伝えしたとおりです。コンタクトレンズやメガネ＝医療機器という認識ですから、日本では100円ショップで老眼鏡を買えると知ったらびっくりする外国人も多いでしょう。

日本にもオプトメトリストというメガネドクターがいたら、その処方箋どおりにメガネをつくらなくてはいけないので、メガネ屋のできることは少なくなります。

そのぶんドクターががんばってくださればいいのですが、日本の場合、眼科にはメガネの専門的な勉強ができるプログラムがなく、ほとんどの眼科医はメガネの専門的な知識を得る機会に恵まれません。

それでも近年は、個人的に一所懸命勉強していらっしゃる医師が増えてきています。医師界とメガネ界とが手を結ぼうという動きが、少しずつ始まっているのです。

後戻りできない？　レーシック手術

コンタクトレンズの登場期と同じように、「夢の視野」といわれたレーシックについてですが、現在では、日本眼科医会が『レーシックを受けることをお考えの皆様へ―そのレーシックは本当に安全でしょうか？―』(※)と公式サイトに掲載しています。

レーシックとは、レーザー光線で角膜を削ることで角膜のカーブを変え、近視の屈折異常を矯正する手術です。ピークの2008年には45万件ほど手術がされていたそうですが、それ以降は減少し、今ではピーク時の1／10ほどだそうです。最近は副作用について取りざたされることが増え、被害者の方が訴訟を起こしたり、失敗例についてメディアで取り上げられたりしています。

コンタクトレンズやメガネ装用のわずらわしさがなくなるメリットはあるものの、日本眼科医会のサイトでは、以下のようなデメリットが挙げられています。

夜間に視力が低下する／術後に角膜が変形する／術後に角膜が混濁する／ドライアイになる／度数の変化によって視力が低下する／正確な眼圧測定ができなくなる／正確な白内障手術ができなくなる

なかでも私たちメガネ屋が危惧することは、レーシック手術を受けられた方に、視覚が狭まり、

※http://www.gankaikai.or.jp/important/lasik.html

身体感覚の異変を感じる方がいることです。

前世紀に、脳の一部を削って精神疾患を治療しようという、とんでもない手術が物議をかもしましたが、「眼」を削るということは、機能的には「脳の一部」を削ることにほかなりません。それが角膜の表面的な手術であっても、人格や情緒、判断力をつかさどる脳機能や、自律神経に影響がないと言いきれるでしょうか。私たちは、あくまで一店舗の感覚としてですが、影響は大だと感じています。

なぜなら、オートレフラクトメータ（波面センサー搭載）という機械で角膜の形状を調べると、レーシックを受けた方の角膜は、ゆがみがかなりやっかいになっているのです。ジャガイモのようにでこぼこした状態になってしまっている方もいます。

それほどではなくとも、レーシック手術を受けると、少なくとも、総合的な視覚のバランスを損なう傾向があります。手術後に慢性的な頭痛や、首・肩・腰の痛みなど、心身の不調を訴えるケースも少なくありません。

また、いっとき近視が回復しても、老眼の進行が早まるケースがあるのは、前述の日本眼科医会でも警告されているとおりです。正確な白内障の手術（濁った水晶体の代わりに眼内にレンズを入れて、屈折矯正をする）もしづらくなります。

また、私たちがレーシックにおいてもっとも危惧している点は、手術によってとにかく「視力を上げる」ことを重視するため、過矯正されることです。**近くを見るときだけでなく遠くを見るときも、力みっぱなしの眼になってしまうのです。**これはくりかえし、くりかえしお伝えしていることですが、視力を過矯正する状態が、心身にどれだけ負担をかけることでしょう。

疲れたら取りはずせるメガネやコンタクトレンズと違って、眼そのものを削ってしまうレーシックは、取りはずすことができません。

こうなると、一生つづく「見る人生」のなかで、いっとき、レーシックによる近視の回復を手にすることは、得策でしょうか。レーシック手術を受けて、不便から解放されましたというひとは、ほんとうに解放されているでしょうか。肉体の不便はなくなったように見えても、結局見え方がつらくなったために、肉体が病んでいることに気づくのは、手術の後からです。数年後、数十年後の脳のはたらきにそれは現れてくるのです。

2000年代初期には、熱心にレーシックをすすめる眼科医もいましたが、今は、危機感が広がり、すすめる方は減っています。しかし、こうしたことは、まだ公に大きく語られることがありません。レーシックによって心身を病んだとしても、レーシックとの間に因果関係を見出す研究は進んでいません。そうして病気の治療のために投薬などを始めれば、その前にレーシック手術を受けたことは、因果関係から消えていってしまうのです。

「一所懸命」の眼になる？

こういうと、レーシック手術をされた方は「取り返しのつかないことをしてしまった……」と落ち込まれるかもしれません。たしかに、角膜を削ってしまうので取り返しはきかないのですが、ご自分の眼を厭わしく思うのは、いちばんよくないことです。レーシック手術に耐えた眼の力を、どうぞいたわって、大事にしてあげてください。私たちは「パソコン用(手元用)メガネ」で、近くを見るときの緊張をほどくようおすすめしています。

先ほど、視覚が狭まってしまうといいましたが、そこには利点といえることもあります。レーシック手術を受けたお客様で、清掃業を営まれる方がいるのですが、術後はいっそう、目の前の作業に集中できるようになられました。つまり、ゴシゴシ、コツコツと、根気の要るリピート作業をくりかえすには、レーシック後の「眼の感覚の狭まり」が利点になることもあるのです。一所懸命に作業することが苦にならないかもしれません。

レーシックのお話をすると、コンタクトレンズなら取りはずせるからよい、と考える方がいます。でも、実はやめても、失ったものをまるごと取り戻せるわけではない、と私たちは考えています。わかりやすく数字でたとえれば、偏差値50でなくて、ほんとうは60くらい出せる方だったかもしれない。でも、50で生活の大半を生きてこられたのなら、50なりのやり方で「ゆるめる見方」を始めればいいのです。

とよふくのスタッフもそうですが、若いときはからだを痛めるかもしれないと薄々思いながらも、目新しい挑戦や冒険をたくさんするのが青春ですよね。あとからしっかり後悔して、人生をよい方向にもっていこうとするのが、人生の醍醐味でもあります。だから、レーシックと同じく「コンタクトをしなければよかったですね」とはいえません。後の章でも述べますが、特に若い方にとって、コンタクトレンズのおかげでルックスに自信がもてた、身軽でうれしい、という精神的な効用もあるとは思っています。

「眼内永久コンタクトレンズ」「角膜矯正用レンズ」「モノビジョン」その実態は？

レーシックブームがいち段落したと思ったら、「ＩＣＬ」こと「インプランタブル・コンタクトレンズ」による視力矯正法も流行してきました。

コラマーという、親水性や透明性が高く、眼内での異物反応が出づらいという「眼内永久コンタクトレンズ」を使います。角膜を数ミリ切開し、角膜の下の虹彩（黒目の部分）と水晶体の間に、小さく折りたたんだレンズを挿入すると、自然にレンズが広がって、固定されるしくみです。

やわらかいので水晶体を傷つけず、もし不具合があっても、取り出したり交換したりできるという可逆性が売りです。角膜を削るレーシックの固定性に対し、ICLはレンズの度数を選択できて、メンテナンスも不要ということで、人気が出て、タレントの方などが体験記を発表しています。

1997年から欧州で承認・認可され、2005年にFDA（アメリカ食品医薬品局）で認可、日本でも2010年に承認されました。しかし、少なくともよふく、および周囲の眼の専門家たちの間では、このレンズを取り出した、または交換したという例は聞いたことがありません。

1997年に25歳だった方が施術を受ければ、現在46歳。30歳ならば現在51歳。老眼が始まり、見え方が変化している可能性が大きいです。この便利なレンズを、気軽に「取り替え」たいと願う方もいらっしゃることでしょう。

しかし、このレンズを入れる施術のシーンは動画サイトに多数掲載されていますが、取りはずす映像は見当たりません。整形手術でも、シリコンなどを挿入する動画はすぐ検索できますが、抜去や取り替えをする動画はほとんど見受けられません。安心できる施術なら、どんどん掲載したほうがよいのに、なぜでしょう。

結局は、この最新技術といわれるレンズも、眼内を傷つけてしまうのだと、ある眼科医の方に伺いました。そもそも、近視になるべくして変化してきた眼球のなかに、1.5、2.0にまで視力を上げるレンズをはめ込んでしまったら、その後、身体感覚はどうなるか。このことを皆さんでしたら、どうお考えになりますか？

角膜矯正用コンタクトレンズという、「オルソケラトロジー」についてはどうでしょうか。専用のハードレンズを就寝中に装着することで、角膜のカーブを平たくし、朝にレンズを取りはずすと、角膜の屈折率が変わっていて視力が矯正され、裸眼で一定時間を過ごせるといわれます。

気軽な感覚で試そうと宣伝されているようですが、ここまで読んでくださっている方には、「飛び出した大脳」同様である眼に、毎晩強制的に形状を変えるパックのような矯正をすることが、眼にどんな負荷をかけるかは、ご想像にかたくないのではないでしょうか。一定時間を過ぎると視力が下がる（戻る）のは、眼が「もとの状態に戻りたい」からですよね。オルソ用のハードコンタクトレンズはかなり大きなサイズで、睡眠中はまばたきをしませんから、角膜の酸素不足も相当なものになります。

ちなみに近視度数の強い人や乱視が強いひとは、この矯正効果が出にくく、ドライアイやアレルギー、眼底疾患のあるひとには不適応、レーシックを受けた方は、使用不可だそうです。

また、老眼が進んだ方は、遠近両用メガネをきらって、「モノビジョン」という選択をする方もいます。モノビジョンとは、片眼で遠くを、もう片眼で近くが見やすくなるよう、あえて異なった度数で視力を調整する方法です。大きく度数の異なるコンタクトレンズを処方するか、またはレーシックや白内障の手術で、左右の眼の視力を変えます。

これは、理論上は「片眼ずつうまく使えば、近くも遠くもよく見える」のかもしれませんが、もともと両眼視として進化してきた脳はバランスを処理しきれず、混乱してしまいます。

もともと右眼が0.2の近視、左眼が1.0の正視という左右差（生来のモノビジョン）がある方は、長年かけて脳もからだもその状態になじんでいるため、バランスは偏っていても、それなりの両眼視をしているといえます。ですが、人工的に、左右で視力の異なる状態をつくったら、脳はすぐにピントを合わせられるでしょうか。なかには乗り物酔いのように気分が悪くなったり、運転中に距離感がつかめなくなったりして、モノビジョンに慣れることができないまま、途中で治療（コンタクトレンズ）をやめてしまう方もいらっしゃいます。

また、慣れたとしても、遠近どちらも「ピントが合う」とはいえず、近くも遠くもややぼんやり、という中途半端な状態に落ち着くことも多いようです。1.0と0.2のモノビジョンに設定したとしても、本来の眼はその両眼視のバランスが取れず、0.6くらいにしかならないことがあるので、眼科医としても数値の設定が難しく、積極的におすすめできる施術ではないと聞きます。結果的には、受け取る情報を制限して、あきらめる眼になるので、肩こりや頭痛などは生じづらいかもしれませんが……。

このように、皆さん、ありとあらゆる方法で、眼を使いきろうとされるわけですが、「ゆるめる」とは対極の、眼を加工してしまうやり方で、私たちがおすすめできるものは、現時点ではないのです。

writer's eye

※当欄では本書執筆者（早川）が「眼鏡のとよふく」のメガネを着用してからの時間経過とともに、個人的体感などをご報告します。

「あなたはコンタクトレンズを何年着用されていましたか？」

「25年ですか。長いですね。ではコンタクトを一度やめて、お手持ちのメガネで1年ほどお過ごしください。それから当店の予約をお取りしましょう」

　はじめてとよふくさんに予約希望の電話をしたとき、そういわれて驚いた。1年？

「ま、待ってください。いや、いや、今日から。今すぐ、コンタクトをやめます。ですから、もう少し早めていただけないでしょうか」

　私のよほどの狼狽が伝わったのか、予約申し入れをした6月から、約半年後の12月末に検査をしていただけることになった。

「コンタクトで無理がかかった状態のまま検査しても、よいメガネはつくれませんから」

　その真意を実感したのは、とよふくメガネを着用してから1～2年後、からだの凝りが消え、整体治療院に長年通っていた費用が0円になったと気づいてからだった。

　ブラウン、グリーン、ブルーと、カラーコンタクトをつけて「目ヂカラ」を放ちながら、どこか浮ついた腰つきで街を歩く女性たち。かつては自分もそのひとりだった。

　なるべく安全な水や食べ物を買い、なるべく合成界面活性剤をふくまない液剤で身体を手入れしたいと思うのに、なぜ眼、すなわち脳には、コンタクトレンズというフィルムをかぶせて、乾いても血走っても、目薬のケアでよいと思っていたのだろうか。

　20～30代の女性心理としては、見栄えのため、メガネを選択したくない思いがあったかもしれない。

さらに「見る」ことはタダだと、どこかで思っていた。生まれたときからあたりまえのように見えてくれて、眼は、歯のようにわかりやすい虫歯……虫眼のようなわかりやすいサインを出してこない。また、サインを出してくれても、脳が麻痺していて、気づけない。

そうして25年以上もコンタクトレンズをつけているうちに、眼球も、脳もきしみ、取り返しのつかない状況になったのだろうか。しかし、とよふくさんはこうもおっしゃる。

「コンタクトレンズがあったからこその、便利な生活を送れてきたのですから、その過去は受け入れて、本来の眼をゆっくり回復させましょう。ああしなくては、こうしなくてはでなく、今の状況を受け入れることも、眼を養う、滋養法なのです」

また、とある眼の専門家を訪ねたら、こうおっしゃった。

「ドライアイになりやすいなどの傾向、マイナス面も否めないが、いっぽうでコンタクトレンズの心理的効用は、ばかになりません。たとえば外見的コンプレックスに悩む人にとって、メガネをかけずに済むことは、ネガティブ面を補って余りあるほど、活力が出てくることかもしれない。

そういうひとが『コンタクトレンズは眼によくない』といわれたら、無理して裸眼で過ごそうとするかもしれない。そして世界がぼんやりとしか見えないまま暮らすと、人とかかわることがおっくうになり、引きこもり、うつ状態になってしまうこともある。そうなるよりは、**コンタクトレンズをつけてこころの安定を保つほうが、眼にはマイナスでも、人生にはプラスになるかもしれませんよ」**

第３章

視力を下げる「ゆるメガネ」のススメ

過矯正のメガネやコンタクトで眼を痛めることが、どれだけ危ないことか、これまでの話でお伝えできたことと思います。それでは、どうしたら疲れた眼をゆるませられるのか、どんな見方、メガネをすればよいのか。私たちから「ゆるメガネ」（ゆるむメガネ）を提案させていただきます。

見よう、見ようの欲を捨てましょう

私たちは、歳を重ねると、足腰は衰え、肌や髪はハリを失い、物覚えは悪くなります。筋トレや脳トレ、ほかさまざまなアンチエイジング法で、ささやかな抵抗を試みることはありますが、たいていは苦笑いとともに衰えを受け入れるしかありません。しかし眼となると、なぜ40、50、60代になっても、くっきり見ていようとするのでしょう。

なんでも、どこまでも、いつまでも見たい。見えないと怖い。見ないと損する。眼は、もっとも人間の「我欲」とか「恐れ」が宿る部分なのかもしれません。

２０１１年の東日本大震災において、何十万人もの方が避難所におられたときのこと。眼に関する恐怖と適応力について、以下のようなエピソードを伺ったことがあります。

被災した方々は、取るものも取りあえず避難所に駆け込んでこられたので、使い捨てのコンタクトレンズを使用されていた方は、替えをもっておられない。過酷な避難状況のなかで、メガネをなくしてしまわれた方もいました。その状態で何十日も避難所で過ごされるのですから、周囲がよく見えない苦痛はいかほどだったかと思います。

しかし、それまでメガネを着用されていた方のほうが、比較的、避難所生活への適応が早かったという見解があるのです。メガネ派のほうが、裸眼生活の不自由を受け入れる傾向がより柔軟なように見受けられ、コンタクト派の方は「いつになったら自分の眼に合うレンズが手に入るでしょうか」とか、「情報が取れなくてつらい」と、苦痛を訴える方が多かったそうです。それは、一部の医師やボランティアの方々が見聞きして感じた、主観的なエピソードだったかもしれません。しかし私たちの経験から言いますと、コンタクト派のほうが、それまでの脳への影響から、急に「外がはっきり見えない」状況への不適応、恐怖は強かっただろうと思えるのです。

復習になりますが、〝現実〟の眼とは、皆さんの正面に広がる、実際に眼で見る風景。光や色感覚、奥行知覚（立体視）、運動知覚など、眼のスクリーンを通して脳に映すリアル映像。それに対し〝こころ〟の眼はバーチャル映像。思考、感情、空間認知、予測、思い出など、イメージの風景。有事のときほど、〝現実〟がはっきり見えないと不安、恐怖、いらだちが増し、眼に力をこめます。すると脳やからだに負担がかかり、パフォーマンスが落ち、よけいに見えなくなります。緊急事態でも落ち着くポイントは、なるべく〝現実〟にとらわれる眼の力をダウンさせ、ゆったり見るように心がけること。このスイッチの切り替えを、メガネ派の方のほうがやりやすいのではないかと思います。

〝こころ〟の眼をどう使ったらいいかはわかりづらいと思いますが、私たちのことばでいえば、**腰骨を立てて、おなかで見るようにする、**ということです。127ページでもお伝えしていますので、ご参照ください。

格闘技に学ぶ眼の使い方「観の目強く、見の目弱く」

頭痛、目まい、肩こり、腰痛、倦怠感、自律神経失調症、肌荒れ、むくみ、代謝異常、免疫不全疾患。いろんな不定愁訴が、眼と関連していることに、多くの方は気づいていません。でも、肩こりや痛みのほとんどは、眼の使い方に原因があります。眼を楽にすれば、肩の力は抜け、肩の力が抜けると、生きる上での緊張が抜けますのに、もったいないことです。

おそらく、格闘技など、力の抜き差しが肝心な体験をされると、気づくかもしれません。格闘技は力を入れることはしやすいのですが、力みすぎると負ける。力を入れるいっぽうで、いかに抜くことを覚えるか。じっと気合をこめるなかで力を抜くのは、とても難しいことです。

格闘技に限らず、スポーツやほかの運動でも経験できることだと思いますが、そうした集中のなかの緩和というような、力の抜き差しによってストレスを発散する加減を、ふだんの生活のなかでも入れていかないと、無理がこうじて病気になるのも早いのではないでしょうか。

宮本武蔵の言う**「観の目強く、見の目弱く」**です。「観」はこころで見て、「見」は眼で見ること。

敵の剣先や拳など、枝葉の部分を見て、とらわれるのではなく、遠くの森のように、敵の全体を観ようという、大局的な見方を説いたものです。

深めると、「敵の外見にとらわれる(見)ことなく、敵の内面を観よ(観)」ということになるでしょうか。これは目玉に力が入っていては、できません。眼ではなく、おなかで感じたり、背中の気配で察したりと、こころや全身で「観る」ことができたひとが昔はたくさんいたのでしょう。

そうした神髄にせまることは難しくても、**視力を適切にゆるめるメガネで「見の目を弱く」することはできます。眼の力みをとってみると、以前はできなかった動作ができるという、不思議なことに気づかれる方もいるはずです。**

ズレの少ない「両眼視」が脳を進化させる

これまで、コンタクトレンズや、度数合わせをしただけのメガネが、どれだけ眼に負担をかけ、緊張させているか、お伝えしてきました。

しかし、眼に負担をかけない見方、緊張しない見方とはどんなものか、よくわからないという方も多いでしょう。

まずは、左右のズレのない見方です。自分ではズレている認識がない方は多いのですが、ズレがあると、修正のために脳にたいへんな仕事量を要求しています。

左右の眼の見方について、進化の歴史をさかのぼりますと、最強の肉食恐竜ティラノサウルス(Tレックス)は、恐竜史上、はじめて両眼で見ることを得たといわれています。それによって集中力、運動能力が高まり、圧倒的な捕獲力を発揮して、食物連鎖の頂点に立ったのです。

しかし、爬虫類や鳥類は、右眼の情報は左脳、左眼の情報は右脳と、処理するエリアがかっちり分かれています。私たちの経験上、これは根本的にはヒトにもあてはまります。右眼の情報は理論派の左脳が担当し、左眼の情報は感性派の右脳が担当するほうが、得意のようです。

ヒトの視神経は半交叉する

ヒトの場合は、4本の視神経のうち半分の2本が交叉する「半交叉」により、
複雑な両眼視が可能になる

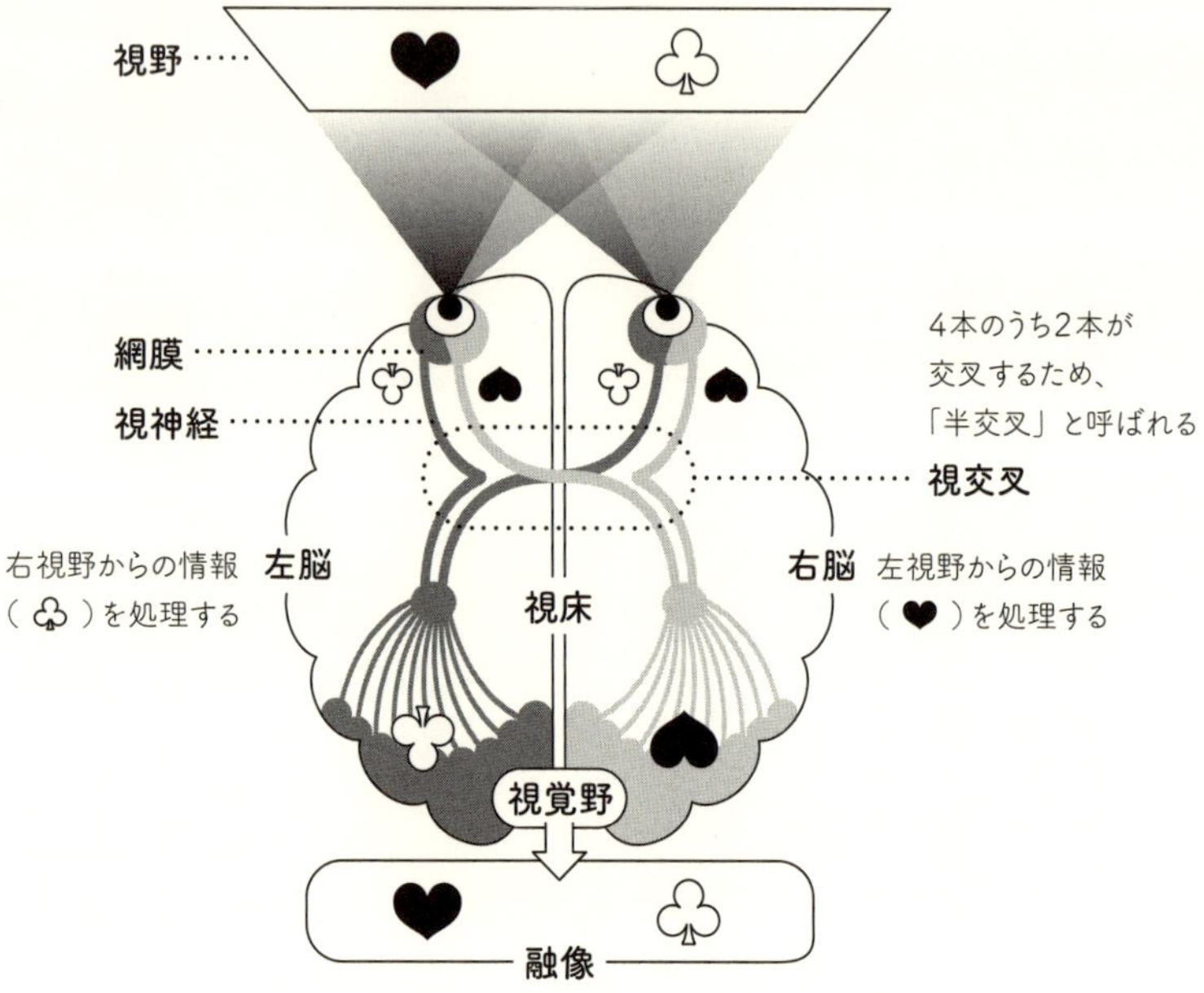

左右ふたつの映像を脳で一体化する

しかし、ヒトの眼は半交叉《はんこうさ》といって、両眼の情報が右脳左脳へまんべんなく届くように、もっと複雑にできています。上の図のように、右眼の鼻側の視神経から→左脳へ。また左眼の耳側の視神経から→左脳へも、情報がいくのです。

こうして両眼で複雑に補いながら一体化し、情報を脳に伝えているのが人間らしさです。片眼で見るより両眼で見るほうが視力が上がり、距離感、立体感、視野といった視

覚のバランスもよくなる。ですから、ここまで人間は進化できたのでしょう。

たとえば、丸いドーナツがテーブルの上にあったとします。ドーナツが好きな人でなければ、「そこにドーナツがあるな」程度の軽い認識でしょう。

ところが、このドーナツ、一か所が欠けています。すると「どうして欠けているのかな」「誰かが食べた跡のようだ」「ひょっとして犬がかじったのかな」などと、考えたりします。欠けや違和感があることで、情報量が増えます。

両眼の映像をバランスよく重ね合わせることで、見ているものはひとつでも、たくさんのことを知り、受け取ることができるのです。

恐竜史上、はじめて両眼でものを見たティラノサウルスは飛躍的に能力が向上しましたが、さらに複雑に交叉する両眼をもつ人間は、恐竜と違って、身体能力以上に、知的活動の上の影響が大きいように思います。

パソコンやデジタルカメラで鮮明な画像を処理するためには、大容量の記憶媒体が必要ですね。人間は両眼で見ることによって、くわしい情報を得て、高度な知的活動をするようになりましたが、それだけ多くの労力を費やしているのです。

そして、情報量が飛躍的に増えた現代では、人間の能力を超えた情報処理力を要求されています。そのような状況で眼を酷使する現代人は、生活習慣などによって、この両眼のバランスを崩している人がじつに多いのです。

ひょっとして両眼からの情報では多すぎるので、それを防ぐために、あえて見方を偏らせているのかもしれません。これが**「利き目偏重」**です。いわば、生き様からつくられたモノビジョン（60ページ）ですね。「情報の多いデスク作業では右眼が利き、ふだんは右眼が力んで近視が強いが、スポーツをするときは左眼が利く」など状況によって利き目が変わるひともいます。

ところが、そのことを本人はもとより、専門家さえ知らない方が多いことが問題です。「利き目偏重」によって身体にはさまざまな症状が現れてくるのですが、眼科、脳外科、精神科で治療をしても、治らないケースがあります。

情報が多すぎて、わざと「利き目偏重」になっているのなら、情報を取りすぎるほうの眼の筋肉の無理を減らすよう、「両眼視機能検査」をした上、バランスよく情報が入るようプリズムレンズ、両眼の向きを整えるレンズなどでズレを調節すると、みるみる偏りが減ることがあります。

眼をゆるめる「パワーフレーム」のススメ

では、両眼のバランスを取るためには、どんなメガネをすればよいのか。メガネ合わせには、検査も大事ですが、同じくらい大事なことが、フレームの調整です。

お客様の頭のかたちを見て、かけ具合を調整するのは基本中の基本。**左右のフレームのカーブや角度は、当然ひとりひとり違います。頭のかたちは、右と左では違うからです。**できれば、左右のフレームの差異までしっかり調整してくれるメガネ店を選ばれるといいと思います。そうしてできあがったメガネを平らなところに置くと、頭のかたちにぴったり沿うよう調えられたものは、左右のフレームがまったく均等ではなく、かすかな浮き上がりや段差があったりします。

もうひとつ考えていただきたいことは、フレームの、からだへの質的影響です。

地球に大気圏があるように、ひとの身体にも、そのひと固有の汗の蒸気などでできている〝体気圏〟のようなものがあると私たちは思っています。

顔の外側にかけて使うフレームでありながら、ひとによってさまざまな錆び方、変質のしかたをすることがあります。たとえば、持病があって、きまった内服薬を日々使っているひとや、ご自身は使っていなくとも病院関係者のメガネには、身体のなかに蓄積した薬剤の影響が出ていることが見て取れます。

逆に、外側からの作用もあります。磁気バンソウコウやパワーネックレス、宝石などを身につけることで、身体はなんらかの影響を受けますし、その効果を実感なさっている方も多いのではないでしょうか。

最近は、量子力学の理論が、ノーベル賞などの話題で関心を集め、一般のひとにも広く知られるようになりました。そして、物質の素粒子の示す「波動性」といった現象が、20世紀的な科学の定義では説明のできない影響を及ぼし合っていることが明らかになり、実験結果が科学論文誌で発表されるようになりました。ごくふつうのビジネスパーソンが、パワーストーンといわれるアイテムを身につけて仕事をする時代です。

同じように、身につける眼鏡フレームも、心身に影響する力があります。

たとえば青酸やヒ素などがフレーム生産の過程で使われています。もちろん安全管理がなされていますので材質としては問題ないのですが、人体のなかでも一番デリケートな頭部、顔に密着させるものとして、とよふくでは慎重に品ぞろえをしています。

ありていにいえば、フレームを顔にかけることで、みるみる生気がなくなるなど、お客様がパワーダウンされる事例をいろいろ見てきました。共通項は「メーカー」の質でした。

同じようなフレームをつくるメーカーでも、流れ作業でつくっているフレームと、ひとつひとつ丁寧につくっているフレームは、かけてみると、全然違うのです。物自体ができあがってくるまでの工程も大事ですし、組み上げてお渡しするまでも大事です。気持ちがどこまで入っているか。それは科学的でないような話に聞こえるかもしれませんが、いかに細部まで気持ちをこめるかを、私たちは大切にしています。

その結果、当店では一部大手メーカーのフレームはこの40年、販売していません。いずれも、数多くの売れ筋ブランドを手がけるメーカーなので、同業者からは「それをはずしたら、売る品物がないでしょう」と、よくいわれてきたものです。

わざわざハードルを高くしてしまったぶん、品ぞろえには真剣にならざるをえません。たとえば、シルエット、エル・エー・アイワークスや、カズオカワサキなど、商売の種としてのフレームではなく、使うひとの幸せ、楽しさを優先するフレームをいち早くご紹介してきました。また、一見地味なメーカーでありながら、おつきあいしてみて、人間的なまごころを秘めていると感じた会社や、日本製品のよさを発信し続けている社長、大会社ながら細やかに心配りができるレンズメーカーなどとご縁をいただいています。

こうしたフレームに、慎重な両眼視機能検査などを組み合わせることによって、それまでの眼の使い方になじんでいるお客様の違和感を最小限にとどめ、眼のご負担を軽くできているようです。

ただし、当店のメガネの平均価格帯は7〜9万円と、比較的高額になります。お客様の既存のメガネの価格イメージとは離れているでしょう。単純に視力を落とし、眼をゆるめるメガネをつくればいいのかというと、それだけではないからです。両眼視機能検査やプリズムレンズの組合わせをマスターすればいいだけでもありません。

今まで1.5の視力が出ていたメガネを、当店で1.0に落とし、それが快適だからと他店でも1.0でおつくりになると、「まったく見え方が違う！」と言われます。当店で作成したレンズデータと同じもので、フレームだけ他店のものでおつくりになっても「なにかが違う」と言われます。

フレームにレンズを入れるときの加工が、違いを生むのです。寸法が0.5ミリでもずれると、見え方は変わってしまうのです。プリズムを入れたレンズを扱う経験自体が、まだ日本では少ない。私たちも毎日、研鑽を積むしかありません。

こうして、フレームそのものの選定、その大切なフレームをきれいに保管できるよう店内をいつも浄化しておくこと……大げさに聞こえるかもしれませんが、私たちは、お客様の眼の力をゆるめ、同時に力を引き出すメガネをつくれるよう、いつも準備をしております。

ですから、お客様の人生のなかで、ものを見るということがどれだけ大きな価値をもつか、気づいていただけたらと思っています。

【体験まんが】初公開「眼鏡のとよふく」検査室2時間

それでは、とよふくで、実際にどんな検査をおこなっているか、まんがで見ていただきましょう。装置は、お金を投じればどのメガネ店でもご用意できますが、それをどう使ってお客様の眼を探っていくかという方法は、なかなか文章ではお伝えできません。

検査装置は、１００年前ぐらいに開発された機械を使っているお店も多いです。使い方はわかっていらしても、そこから出た数字の意味をきちんと知っている専門家は、驚くほど少ないです。当店でも四代かけて、残された資料と経験とを積み上げて、探り探り、おこなってきた状態です。

人間ドックにたとえますと、「コレステロール値が高い、じゃあお薬出しましょうね」というのが一般的な検査。それに対して、「どうしてコレステロール値が上がったの？　どんな生活ですか？　このことが原因ではないでしょうか？　生活を戻しましょう」と、数字をもとにお客様の眼のなかに入り込んで探っていくイメージです。

検査の流れとしては、しだいに眼の緊張がとれて、ゆるんでいくようにプログラムしています。

ですから検査後に「あれ、よく見える」と視力の変化を感じる方がいます。

しかし、お客様がどういう方で、どういう暮らし方かを探り、一心同体、いわば「一眼同体」となるよう入り込むには、経験と勘と、そしてお客様自身の共感、協力も欠かせません。どんなご協力か。今まではオフレコにしておりましたが、たとえば先代の父は、「そんな状態では、やがて脳が大変なことになってしまいますよ」などとお声がけをし、ハッと驚いていただくことで、真剣な態度を引き出していました。もちろん、病気のリスクのない方にそんなことをいいません。真剣に身をまかせていただいて、はじめて眼はゆるむのです。真剣でない方は、ゆるまないし、クセもわからないし、暮らしも、お人柄も見えてきません。それが見えてこないと、深い検査が進められません。

ですから、私たちも、細かい問診票から始まって、「真剣になっていただけないならやめましょう」ということはいわせていただいています。「面倒な問診や検査はいいから魔法のメガネ、さっさとつくってください」という方がたまにいらっしゃいますが、それでは魔法はかからないのです。

もっとよい手法があるのかもしれませんが、当店はそういう方法で、お客様と一所懸命にセッションして経験を積んできただけです。ですから、このやり方がそのまま他店で再現できるかといったら、難しいでしょう。少しでも広めたいと思っているのですが、私たちは表現が下手で、テキストもマニュアルもない。それでも、「薄利多売のメガネが99％を占めるこの業界に未来はない」と絶望していた同業者が、当店に相談しに来られて「メガネでできることはまだある」と希望をもってくださったことがありました。

実は、私たちスタッフ自身も、いろいろ困難な眼をもっておりますので、経験を照らし合わせ、自らの眼を研究してきました。

メガネ店の皆さんも、それぞれのクセがあるのに、医者の不養生というか、自分のこととなるとほうってしまいがちです。昔の学者や医師は、自分を実験台にして、病原菌を自分に移植したりして探究をしてきました。その探究心が、志のある医学を発展させてきた部分は大きいので、メガネ屋のわれわれも、医師ではないからと尻込みせず、探究していけたらと思います。

単純に「両眼視機能検査」をうたい文句にしているお店は増えてきましたが、できれば、問診をしっかりして、時間をかけてセッションをしてくれるお店であるか、確認して見つけていただけたらと思います。全国にそういうお店は数軒はあると思います。

過矯正にならず、左右両眼のバランスの取れた「ゆるメガネ」をどのようにつくるのか。まんがをご覧になってみてください。

※ランチは要事前予約です

それではお客様
！
こちらのメガネをかけてみてください
はい
スッ
…あら
スクッ
お……お母さん！立ち上がれるの？
うん
なんだか
からだがラクに
なってね…
ニコニコ
ギョギョ
え——!? 杖を持っていた方が？
何!? 何!? 何が起きてるの!?

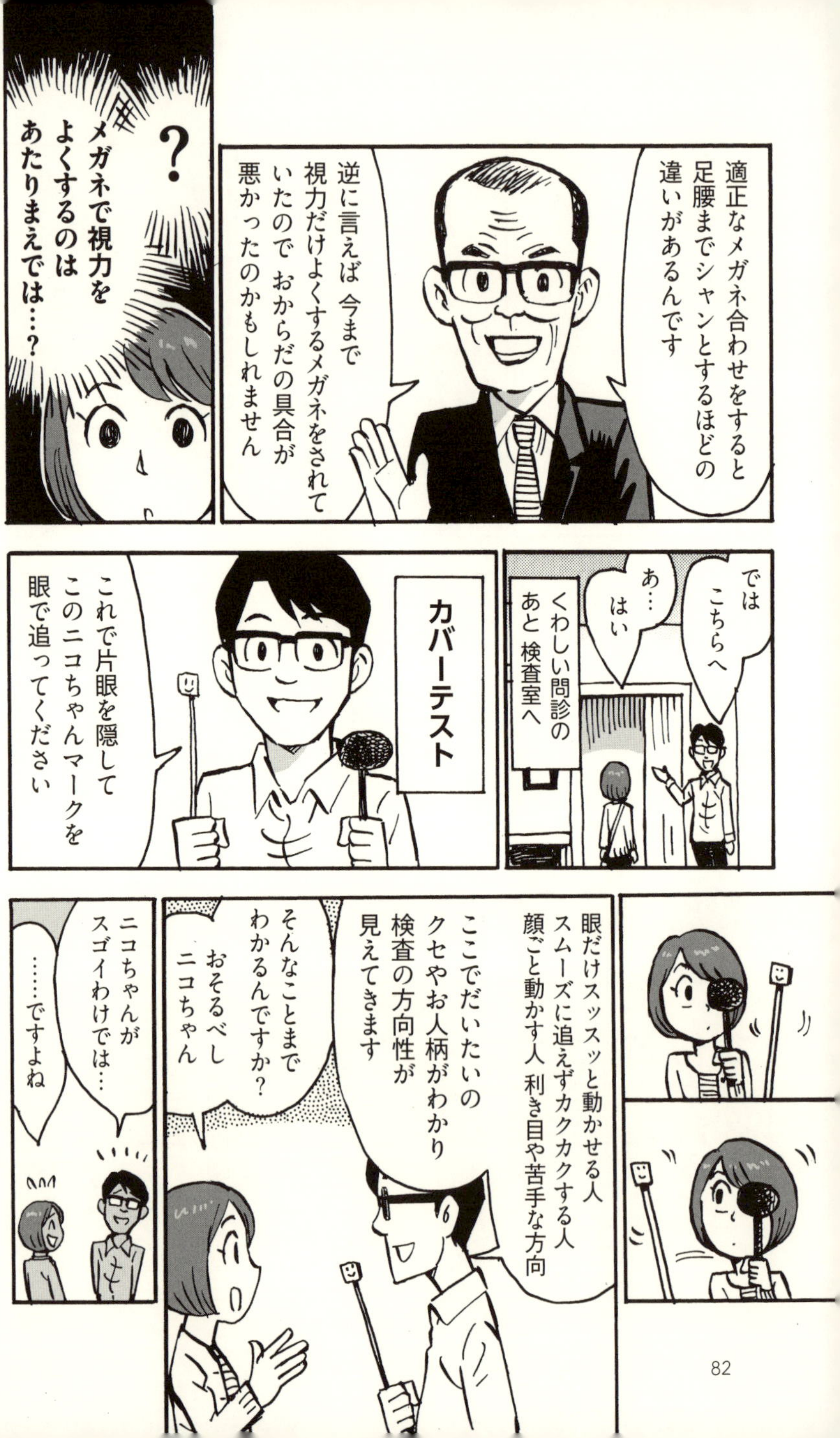

適正なメガネ合わせをすると足腰までシャンとするほどの違いがあるんです
逆に言えば 今まで視力だけよくするメガネをされていたので おからだの具合が悪かったのかもしれません
?
メガネで視力をよくするのはあたりまえでは…?
では こちらへ
あ… はい
くわしい問診のあと 検査室へ
カバーテスト
これで片眼を隠して このニコちゃんマークを眼で追ってください
眼だけスッスッと動かせる人 スムーズに追えずカクカクする人 顔ごと動かす人 利き目や苦手な方向
ここでだいたいのクセやお人柄がわかり 検査の方向性が見えてきます
そんなことまでわかるんですか?
おそるべし ニコちゃん
ニコちゃんがスゴイわけでは…
……ですよね

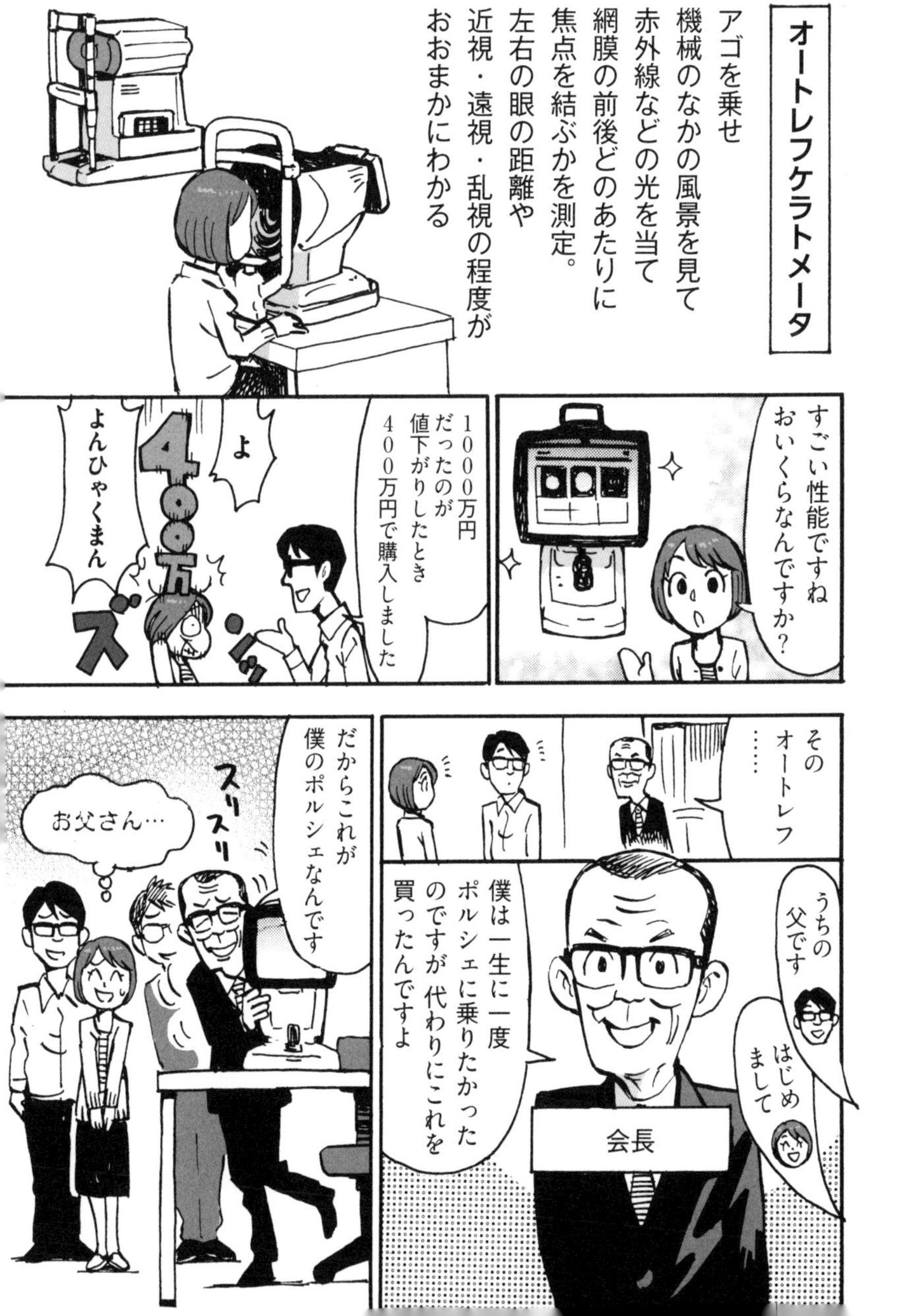
オートレフケラトメータ
アゴを乗せ
機械のなかの風景を見て
赤外線などの光を当て
網膜の前後どのあたりに
焦点を結ぶかを測定。
左右の眼の距離や
近視・遠視・乱視の程度が
おおまかにわかる
すごい性能ですね
おいくらなんですか？
1000万円
だったのが
値下がりしたとき
400万円で購入しました
よ
400万
よんひゃくまん
ズ
その
オートレフ
……
うちの
父です
はじめ
まして
僕は一生に一度
ポルシェに乗りたかった
のですが 代わりにこれを
買ったんですよ
会長
だからこれが
僕のポルシェなんです
スリ
スリ
お父さん…

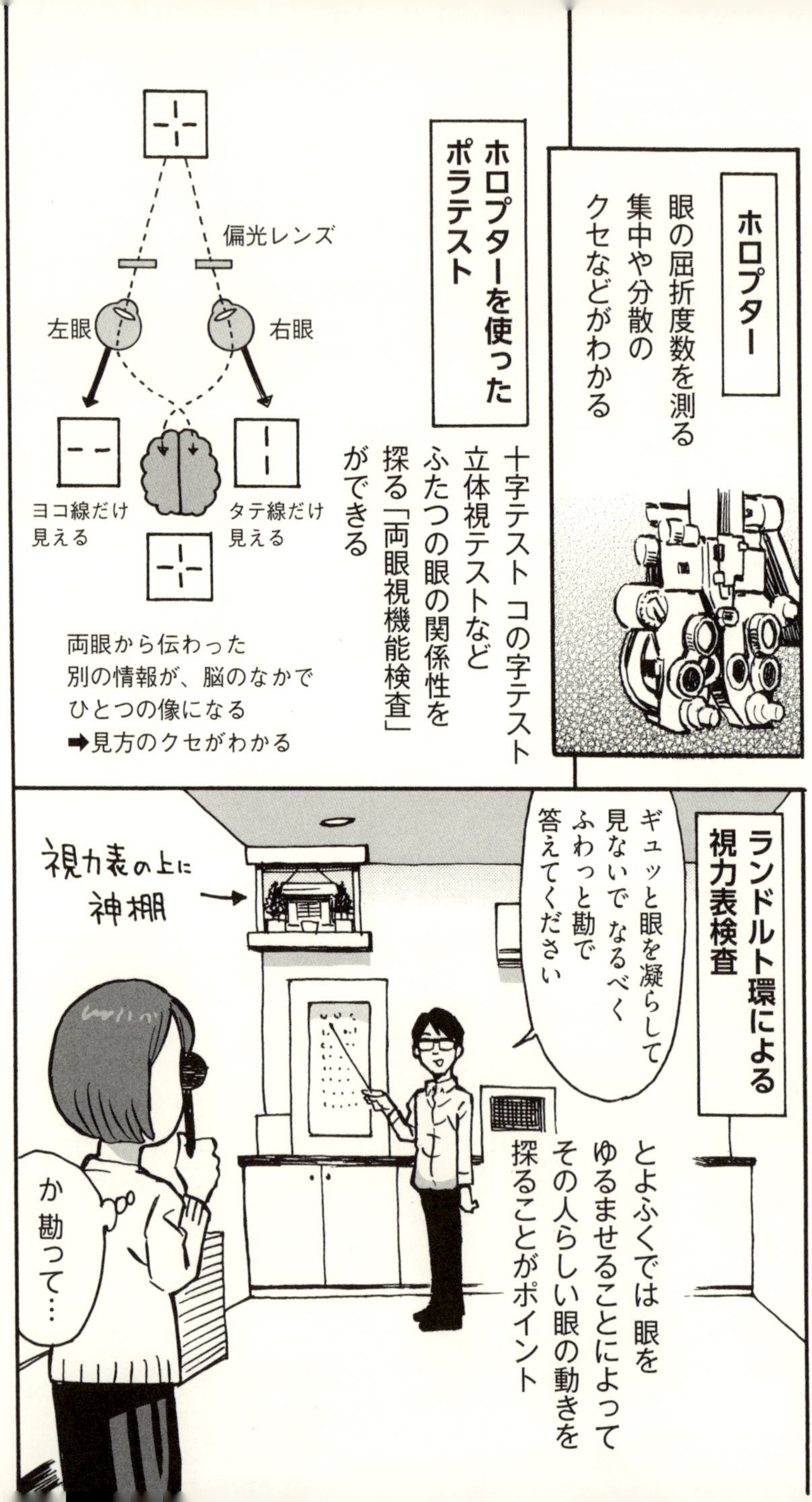

ホロプター
眼の屈折度数を測る
集中や分散の
クセなどがわかる
ホロプターを使った
ポラテスト
十字テスト コの字テスト
立体視テストなど
ふたつの眼の関係性を
探る「両眼視機能検査」
ができる
偏光レンズ
左眼
右眼
ヨコ線だけ
見える
タテ線だけ
見える
両眼から伝わった
別の情報が、脳のなかで
ひとつの像になる
➡見方のクセがわかる
ランドルト環による
視力表検査
ギュッと眼を凝らして
見ないで なるべく
ふわっと勘で
答えてください
とよふくでは 眼を
ゆるませることによって
その人らしい眼の動きを
探ることがポイント
視力表の上に
神棚
か
勘って…

両眼開放オートレフ
これは メガネ屋のワクを超えた 能力があって
ディスプレイメーカーが テスト用にVR画像を見るときの眼の状態を測ったり
乱視のタイプや 眼の使い方のクセも わかったり
のぞき込まなくても いいので より自然な 状態で測れたり
両眼を開けたまま 測れたり
その代わり 数値に ばらつきが出るので メガネ屋さんには 人気がないんですよー
キャッキャッ
ペラペラ
皆さんの熱量が すごい……
レンズテスト
300枚の テストレンズから 検眼用メガネを 組み上げる
シャッ
シャシャ
カシャ
ムダのない コンシェルジュ のような 動き！
プロだ…… ドラマに 出てきそう
こちらを おかけになって
読書テスト
ふだんの姿勢で この本を読んで みてください
はい
ぺらっ

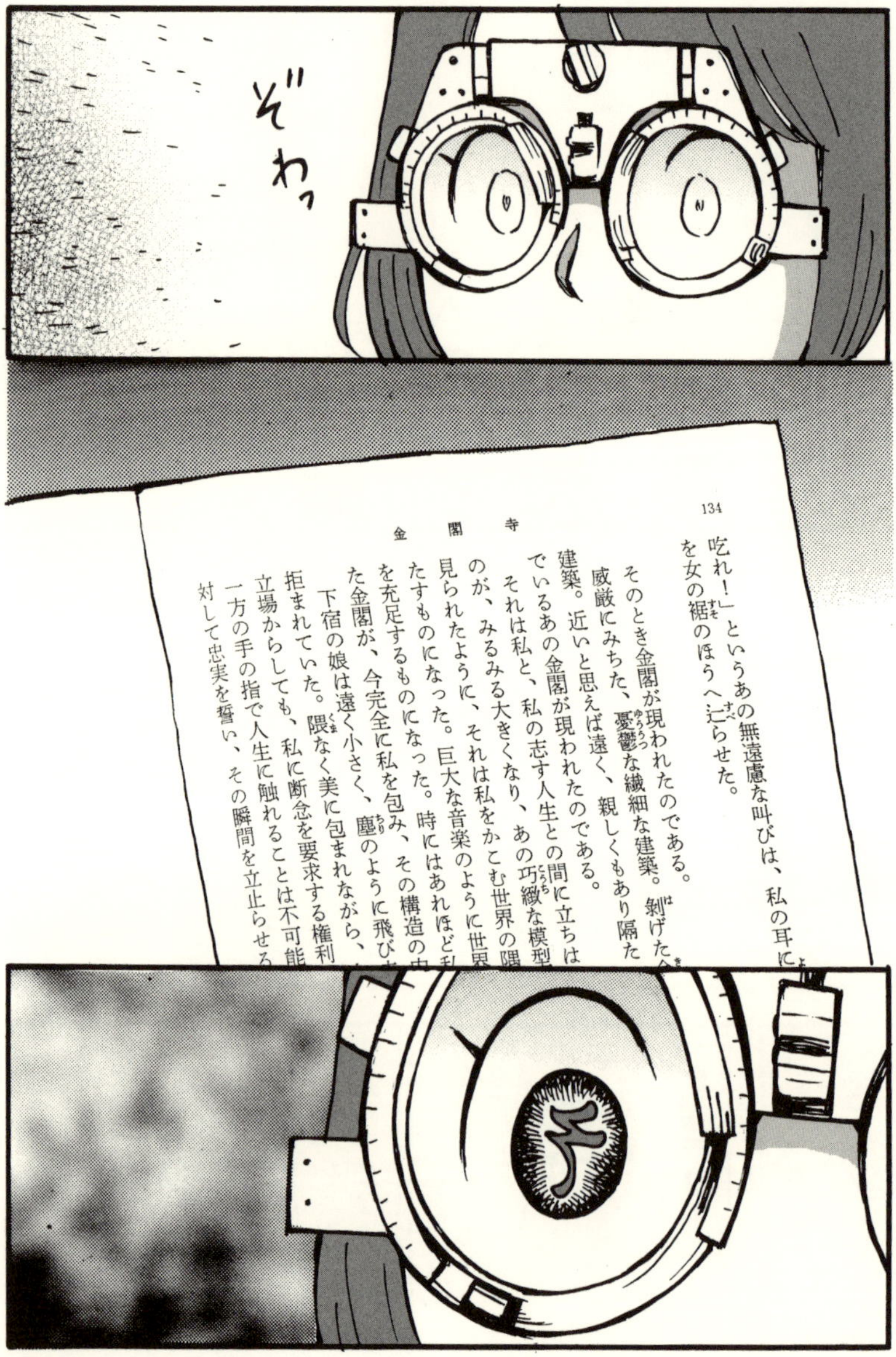

三島由紀夫『金閣寺』（新潮文庫）

その
そのとき金閣が
厳にみちた、
文章が
浮き上がるように
眼に入ってくる！

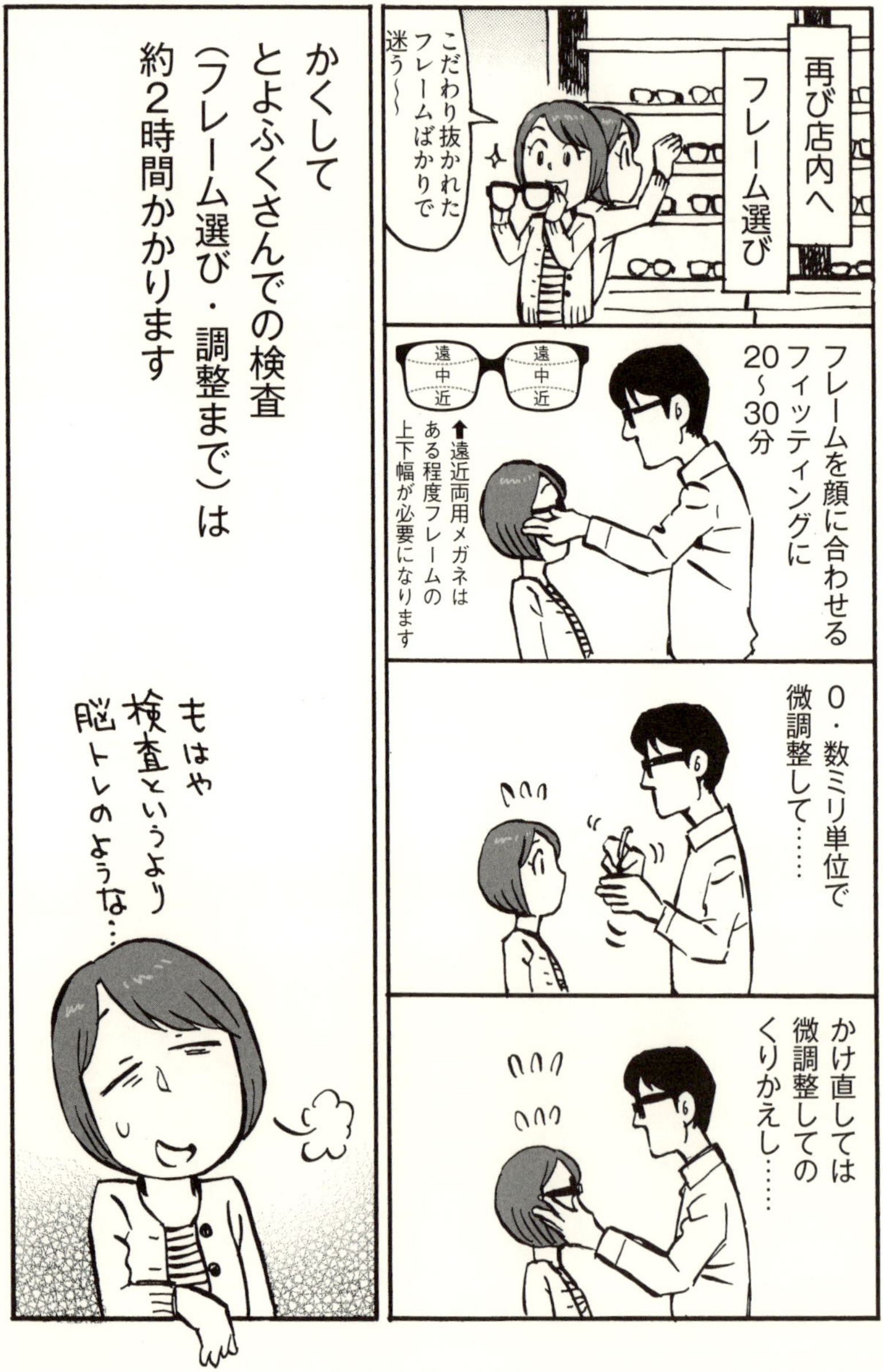
再び店内へ
フレーム選び
こだわり抜かれた
フレームばかりで
迷う〜〜
フレームを顔に合わせる
フィッティングに
20〜30分
遠
中
近
遠
中
近
⬆遠近両用メガネは
ある程度フレームの
上下幅が必要になります
0・数ミリ単位で
微調整して……
かけ直しては
微調整しての
くりかえし……
かくして
とよふくさんでの検査
(フレーム選び・調整まで)は
約2時間かかります
もはや
検査というより
脳トレのような…

※本書の内容について、「眼鏡のとよふく」ではお電話・メールでのご質問・お問合せは受けつけておりません。ご了承ください。

writer's eye

とよふくさんでのメガネ作製を経て、さらなる取材をしてみた。きっかけは、各界の経済人を紹介するテレビ番組で、とあるメガネの小売チェーンが取り上げられていたこと。

その企業は、2000年代以降、コンタクトやメガネの低価格化の波が押し寄せ「数は売れても利益は出ない」状況にあえぐ業界で、「メガネを売る」より「眼の健康を売る」路線で、何年もの連続赤字の苦境から脱したという。

秘訣は「夜間視力検査」「両眼視機能検査」「眼年齢検査」など、数十種に及ぶオーダーメイドスタイルの検査で、老眼やメガネの不調整から健康障害に悩む中高年に人気を博し、飽和状態の市場に新しいマーケットを開いたことだという。

それは、しかし数十年も前から、とよふくさんがおこなってきたスタイルではないか？

試しに、とよふくさんでのメガネ検査データをもとに、サングラスを1本作製していただいた。フレームはそのチェーン店で選んだもの、レンズはとよふくさんでの検査結果によるもの、という組み合わせ。

果たしてできあがったメガネは——。少し違和感のあるものだった。まず、フレームの〝顔あたり〟が固い。高価なファッションブランドであるが、無機質な工業製品感が強く、メガネの〝質〟の一端を実感した。そして、肝心の視覚が、とよふくメガネのような一眼レフ的な世界でなく、やや「芝居の書き割りの背景」ふうに戻ってしまう。

作製時にデータを渡すと、店員さんが「この数値でメガネをつくって、不都合はなかったですか。少し不思議な数字なのですが」と首をかしげられた。「快適です。魔法のメガネ屋さんといわれているのです」とお伝えすると、そのチェーン店においても「とよふくさん」は有名だそうで、いろいろ質問を受けた。

——何か月も予約待ちの状態なのか？　検査のとき自然食ランチが予約できるとはほんとうか？　生活指導があるのか？　メガネをかけて実際に感覚はどう変わった？　など。

そして、「私たち小売店同士は、競合が激しいことがあって、同じ業界でも情報を共有することができないが、こういうお店であれば仲よくなってみたい」と、おっしゃる。ぜひ懇意にしていただいて、メガネ業界全体が向上するよう協同していただけたら、ユーザーにとってもうれしいし、それはむしろ、ユーザーの意識変化が必要であるようにも感じた。私たち客自身が「情報を共有しあいたい店」を見つけていくべきなのだ。

第 4 章

「ゆるメガネ」で見え方はどう変わる？

それでは、「ゆるメガネ」によって、過矯正から脱出した人が見えるステージとはどういうものか。年代ごとの事例や体験談をお話ししたいと思います。

年齢別「ゆるメガネ」でこう変わる① 若者の「メンタル視力」

子どもの成績不振にひそむ眼の疲れや「イップス」

私たちの経験では、小学生で、授業中に落ち着きがなかったり、先生の言うことが頭に入りにくいタイプのお子さんは、たいてい遠視（遠くが見えるコンディションだと、手元が見づらい）です。

子どもの遠視は、多くの場合、ちょっと意識を集中すれば見えてしまうので、簡単な視力検査では見つけにくく、放置されやすいのです。

しかし、いつも意識を集中させていると疲れてしまうので、日常ではあまりよく見えない状態のまま過ごしています。学校の授業で、遠視の子が黒板を見ようとする、さらに手元の教科書を読もうとすると、毛様体筋が緊張し、かなり水晶体がふくらまないと、ピントが合いません。遠視の度数によっては、ピント合わせに限界があり、ぼやけたままであることも。

すると、脳の解析力を使わねばならず、大変な根気、集中力が必要となります。そのため見るだけで疲れてしまい、理解が遅くなり、学びのおもしろさを感じるところまでいきません。自分の潜在能力を感じている子ほど、イライラしたり、いじけたりするのも無理はないでしょう。

また、子どもの「イップス」にも要注意です。スポーツの用語ではイップスという、不調をあらわすことばがしばしば取り上げられます。ふつうなら簡単にできるプレーが、できなくなってしまう状態です。

学業や仕事でも、ひとはしばしば「イップス」の状態に陥ります。できる計算ができない。描ける線が描けない。これは不安や恐怖、プレッシャーなどの心理的な要因から起こると理解されていますが、**「上下斜位」（104ページ）といって、眼で見るモノと実際に見るモノのあいだにズレが生じているから、起こる場合もあります。**

「イップスはスポーツだけで起こる現象ではない」と言った雑誌の編集者の方がいました。漫画家の方がスランプに陥ったとき、ふだんの画力からは信じられないほど崩れた線や構図になることがあると。これは、心理的な焦りのためだけではなく、眼そのものの疲労や、その疲労が拡張した斜位のズレのためでもあるかもしれません。

子どもはこれが顕著です。どんなに身体感覚がすぐれていても、からだの感覚と視覚とがスムーズに連携していないと、ドッジボールの球も、幅跳びのふみきりも、運動会の玉入れも、うまく定まりません。

おとなは、経験則で「自分は的を右にはずしやすい」などと認識できていることがありますが、子どもは不安が不安を呼び、イップスがさらにイップスにつながりやすくなります。どんなに筋力やフォームを練習で鍛えても、見えている的と実際の的がずれていれば、球は的をそれてしまう。

これは子どもには大きな恐怖でしょう。心理的なパニックが起きて、球技が怖くなったり、クラスメイトとの共同作業が苦手になったり、自己評価の低さにつながりかねません。

これを、本人のメンタルの弱さのせいだとされたら悲劇です。一所懸命に行動しているのに的をはずしてしまう子がいたら、眼の問題がないか見てあげたいものです。逆にいえば、適切な処置をしてあげると、驚くほどパフォーマンスがよくなるお子さんがおられるのです。

自ら開発した「受験メガネ」

適正なメガネ合わせをしたことで、お子さんの成績が上がり、志望校に合格できたとよふくにご報告をいただく例は、枚挙にいとまがありません。とよふくで「勉強用メガネ」「パソコン用メガネ」と呼んでいる、この手元用のメガネが、当店で進化したのは、先代である父の「受験がきっかけでした。

高校卒業後、眼の勉強を深めるために食や農業の研究を重ねつつも、メガネ道ひと筋で生きてきた父ですが、２０００年代を迎え、50歳を過ぎたころ、これまでの来し方を振り返りました。

同級生はみな大学を卒業し、子どもたちも大学をめざしている。いったい大学とは何をするところか。メガネづくりに役に立つことがあるのだろうか。「だったら、君も大学に行ってみたらいいじゃないか」と友人にすすめられ、それではやってみようかと、父は一念発起しました。

5教科を勉強し直してセンター試験を受けることは困難であったので、私立大学で、3教科だけで受験できる大学の経済学部を選びました。父は過去問題集を取り寄せて、1か月半、必死で勉強して模擬試験に臨みました。しかし結果は惨憺《さんたん》たるもの。

もう少しできるような気がするのに、くやしい。父は考えた末、今では「パソコン用メガネ」とか、「手元用メガネ」と呼んでいる勉強メガネの改良を重ねました。卓上で集中して勉強するためのメガネです。そうして本番の受験に挑んだところ、無事に合格できました。

近視のひとは、卓上の勉強作業に困難を感じることは、比較的少ないかもしれません。しかし父は遠視の傾向があり、そういうひとは年齢に関係なく、こうしたメガネをつくったほうが、楽に勉強できるのです。

勉強用のメガネをかけた父は、数千人の受験生のなかで、5位以内の成績で合格し、授業料を免除される特待生となりました。入学して前期を過ぎた時点で、教官が「豊福さん、あなた首席だよ」と目を丸くして言いました。

この一風変わったおじさん大学生のことは、県内の教育関係者のあいだで話題になっていたようです。今、当店で店長をしている私の弟は、当時高校生でしたが、ある日、担任教師から「豊福さんというのは、ひょっとして君のお父さんか？」と訊かれたそうです。大学で、ある分野の成績が飛び抜けている学生は珍しくありませんが、まんべんなく上位という学生はめったにいないそうで、高校教員にも噂が流れていたようです。

勉強用のメガネをかけながら、父は店と大学とを精力的に往復し、オール優で卒業しました。そして、勉強用メガネは、改良を重ねながら現在の「パソコン用メガネ」へといたっています。勉強に集中できない子どもさんがいたら、メガネ合わせを検討してほしいのは、こうして父も私たちも、身をもって経験したからです。

黒板が見えづらい、両眼視しづらい、強度の近視がある、遠視がある、こういった子どもたちは疲れて、取れるはずの点を取り損ねています。逆にいえば、メガネひとつで10点、20点と取り返せる可能性があります。50を過ぎていた父が、受験に成功して大学に通い、卒業するころからは、ある秘訣により店の売り上げも伸びました（終わりの章でお伝えします）。若い皆さんなら、もっともっと、可能性があると思います。

「スマホ老眼」は現代っ子からのサイン

まだ20代、30代といった若年層のなかに「手元が見づらい」「眼がかすむ」「小さい文字が見えない」と、シニアの老眼のような症状を訴えるひとが増えています。眼の専門家のあいだで「スマホ老眼」といわれ、タブレットやスマホなどを長時間使って眼を酷使することで、眼のピント調節機能が衰える状態です。

スマホが普及した2010年以降から当店でも症状を訴えるお客様が増えました。「おばあちゃんのために針に糸を通してあげていたのに、自分が通せなくなった」という10代のスマホ老眼も珍しくありません。

加齢とともに水晶体が硬くなったり、毛様体筋が衰えたりして起きるのが、いわゆる「老眼」で、一般的に40代以降に始まります。

スマホ老眼は、水晶体の弾力性を失ったわけでもないのに、長時間のパソコンやスマホ漬けによって、調節筋肉すなわち毛様体筋が疲れ、しびれてしまい、ピントが合いづらくなります。

朝にはそれなりに見えていた手元のスマホ画面が、夕方になると妙に見づらく、無意識に、シニアのように眼をすがめたり、画面を遠ざけたり……そんな状態のひとは要注意です。スマホ老眼が進むと、視線を遠くから近くへ、または近くから遠くへ移したときピントがすみやかに合わなくなる上、かすみ目、肩こりなどがひどくなる場合があります。

近年、近視度の強い「強度近視」の子どもが増加傾向にあることと、スマホ老眼は関係があると思われます。強度近視になると、将来、緑内障（眼のなかの水流が悪くなることで、眼圧が上がり視神経に障害が起き、視野が狭くなったり欠けたりする）や網膜剥離《はくり》（網膜がはがれて、視力や視野を失う）など、失明のおそれのある病気のリスクが高まるので、これを心配している眼科医は多いです。

スマホ老眼は、文字どおりスマホ漬けの若者に多いのですが、加齢による老眼と、スマホ老眼とが重なると悲劇です。今のひとびとの眼は、その前の世代のように70、80年ももつのだろうか、私たちはとても心配です。

しかし、見方を変えればスマホ老眼こそが、現代っ子からの「サイン」なのかもしれません。100年時代といわれる寿命を、インターネットと共存して生きるならば、早いうちに対策をとる必要がある、それを若者の眼の変化が警告しているのかもしれません。ある意味では、「近視3.0」とも呼べるような、21世紀的進化の最中なのかもしれません。もちろん歓迎すべき進化ではありませんが。

人類が今まで経験したことのないメディア環境に生きるようになったことを考えると、従来の「遠くがはっきり見えるメガネ」一辺倒では、こうした若者のニーズに合わなくなったことは確かでしょう。

超デジタル時代の摂理かもしれない強度近視、スマホ老眼ですが、未来のある若い眼がさらなる悲鳴を上げないよう、より高度な要求にこたえられるメガネを追究したいと思っています。

【体験談】うつ病から、アート界のシンデレラに

大手旅行社につとめる、Sさんという若い女性が、神奈川県の川崎市から来店されたことがありました。整体治療院の先生のご紹介で、しっくりくるメガネに出会ったことがないとのお話でした。案の定、利き目に偏重した見方だったので、バランス補正をしたメガネをつくらせてもらいました。すると、それまで悩まされていた頭痛や体調不良がずいぶん改善され、うつ症状もよくなったとのこと。

そして、かかりつけの精神科医のすすめで描いてみた絵画が、ある展覧会の大賞をとったというのです。周囲は感動です。しかも、美術界の重鎮として名高い先生に認められて、一躍シンデレラ状態になりました。会社員をやめて創作活動に邁進《まいしん》し、さらにベネチア・ビエンナーレとい

う国際美術展覧会に出品。それからのSさんは、人生の舞台が変わったように、近視がすばらしい勢いで回復しました。

一度崩れた眼のバランスも、調整することにより、本来の治癒力がはたらいて、体調ばかりでなく精神が回復することがあります。「スマホ老眼」など大量情報の時代に合わせて、眼を変化させているともいえる若者ですが、このような補正で、未来がガラリと変わることがあるのも、若さです。

ただし、Sさんはその後、まるきりメガネの要らない裸眼になったかというと、そうではなく、バランスを取りながら、今では遠視を補正するメガネをかけています。

ホリスティック(全体的)な見方をする医学では、疾患の治療の過程を、玉ねぎの皮をむいていく様子にたとえたりしますが、ある表層的な症状を治療すると、また一段違う階層へ、別のフェーズへと疾患が移行することがあります。玉ねぎの皮をむいて、だんだん中心の問題に近づき、核の部分を解決できれば理想かもしれませんが、なかなか理想の状態にはならないもので、ひずみを見つめながら、バランスを取っていくことが、人間らしく生きていくということだと思います。

こういうお話をすると、クリエイティブな職に就かれている方から、「なんらかの心身のゆがみが、創作のインパクトや原動力になっている作家は、眼のバランスを取ることで、かえって創作力が出なくなるのでは？」と質問されることがあります。それは、あり得ることです。「ならばアーティストは眼の調整をしないほうがよいのでは？」なんていわれますが、若いうちはそれもよいかもしれないけれど、長い目で見れば、結局は、眼のゆがみは創作人生の妨げになってしまうと思います。

無理をしてエキセントリックな力を爆発させて、結局からだを壊してしまうよりも、本来の視覚を取り戻して「底力」「持続力」を整えていくほうが、作品の生涯生産力と生産量の積算としてはプラスになると、私たちはお客様との長いおつきあいを通して感じています。

年齢別「ゆるメガネ」でこう変わる②美魔女に望ましい「アイジング」

コンタクトをオフし、たるみをなくそう

近視の人が、メガネをかけずに遠くのものを見ようとすると、眼のまわりに力を入れて、険しい表情になっていることでしょう。本人がそのコワさに気がつかなくても、その目元や眉が、まわりに不穏な空気を感じさせたり、あらぬ誤解を生じさせていることがあるでしょう。

見た目などどうでもよいという方ならまだしも、日ごろせっかく美容に気をつけている女性が、

コワい表情で努力をだいなしにするのは、もったいないことです。眼をキッと凝らす表情は、本人が思っている以上に印象が強いものです。

「コワい」だけならまだしも、無理して裸眼でいたり、合わないメガネやコンタクトレンズで負担をかけつづけていると、一時的に近視や乱視になることがあります。すると、眼はなんとかして、脳に映像を認識させようとします。**ときには、まぶたのたるみやシワをつくって、眼の開きそのものを小さくしてまで調整します。**

年齢とともに、まぶたがたるんでくるのは仕方がないと思われていますが、実はコンタクトレンズが原因で上まぶたがたるむ「**眼瞼《がんけん》下《か》垂症《すいしょう》**」という症状があります。わかりやすくいうと、上の図のような「三角眼」です。

適正なメガネをかけていない年配の方は、こういう状態になりがちです。この三角眼が固まって人相として定着すると、容姿を気にかける方にとってこんな悲劇はありません。美容面だけならまだしも、その三角眼を凝らしてものを見るために、顎を上げたり下げたり、姿勢や行動に影響することがあります。

こうなると、そのひと本来の、眼をちゃんと開いた度数も測りづらくなります。**私たちの経験上では、特に遠視で無理をされている方は、眼瞼下垂になりやすい傾向があるようですので、早**

めにケアしていただきたいです。

こうした症状は、ハードレンズの使用者にも多いようです。無意識に、上まぶたにレンズが挟まって固定され、この固定による異物感が強いため、その違和を減らすべく、からだが無意識に反応して、まぶたを下げています。

また、まぶたの開閉の困難による反動で、眼を強く見開いたり、つり上げるような見方をつづけているのも問題です。「上下斜位」といって、眼で見るモノと実際に見るモノのあいだにズレが生じ、そのズレ感のために、ますます「キッ」と見据えるような見方になるという、残念なことになります。まばたきするたびにレンズが動き、そのたびにピントがずれるストレスを避けるために、無意識にまばたきを減らし、ドライアイになりやすいこともお話ししたとおりです。

しかし、もっと悲劇が起こると私たちが考えるのは、ソフトレンズです。レンズで眼を覆われ、酸素不足になるために角膜内皮が削れていってしまう恐ろしさは、44ページでもお伝えしました。

加えて、ソフトレンズは涙液を吸収するため、より多くのまばたきが必要なのですが、デスクワークなどに集中するほど、まばたきは減る一方です。こうしたことからも、無意識にまぶたの筋肉が硬化していきます。そして「眼」だけでなく、ルックスとしての「目」が変形していきます。

筋肉の硬直が続くと、いっそう近視や乱視が進行すると考えられます。さらには、眼のストレスをからだに分散させ、頭痛、肩こりを引き起こします。そのバランスが常態化し、肩こりが慢性化します。

身体面だけでなく、知的な能力の問題も、眼の表面積を多く覆っているソフトレンズのほうが、ハードレンズより影響大だと私たちは感じています。だからといってハードレンズがましだとおすすめすることもできません。お客様のなかには「私はハードだからソフトよりましなのでしょう」と、よい解釈をしたがる方もいらっしゃいますが、なかなか頭の痛いところです。

26ページ（眼＝露出した大脳）で、「見る」ことは眼と脳の器官の連携でなりたっているとお話ししました。眼は、「あれを見たい」「でも実は目をそむけたい」というような複雑な意識やこころで動かされています。そんな思いが長年積み重なり、眼の筋肉にあらわれてきます。

逆に**眼の筋肉、動かし方、眼のまわりのシワなどから、そのひとの意識やこころの傾向が推察できることがあります**（例：本書の執筆者（早川）さんは、右眉の上にうず巻き状のシワができています。本人がおっしゃるに、生来の感覚を抑え込んで、なにごとも理詰め〈左脳的〉に考えようとするものの、思考が行きづまり堂々めぐりになる傾向があるそうです。なるほど、そんな疲れが右眼付近に出ているのかもしれません）。

眼の付近のたるみやシワは、加齢のためだけではないことが、お伝えできたでしょうか。眼をゆるませる、「ゆるメガネ」をかけることで、**アンチ・エイジングが可能になることを、どうか受け入れていただきたいのです。**略称すれば「アイジング」とでもいいましょうか、どうかお考えのなかに入れていただければと思います。

なぜ、「ゆるメガネ」が美を引き出すのか

あるお客様に、興味ぶかいお話を伺ったことがあります。その方はアメリカの美容系会社の日本支部を経営されているのですが、ニューヨークで、全米の美容関係の企業が集まる大きなパーティーがあったときに、気づいたことがあるそうです。

それは、マネジメントクラス以上の、経営側にいる女性陣はコンタクトレンズをつけていないこと。ことごとくメガネだそうです。各現場の店舗マネジャーやエステティシャンの女性たちはコンタクトをつけていますが、役員以上のクラスの方々は意識が異なるようで、彼らは美容健康とメガネの関連を「わかっている」のだろうとおっしゃっていました。

こうした話を聞くにつけ、わが国の美容や健康に気をつかう女性にも、メガネを選択していただきたいものだと思います。「せっかく美顔を心がけているのに、メガネなんて……」と外見的に

ネガティブに感じる方もいるかもしれません。メガネのコンプレックスで外に出るのがおっくうになるくらいなら、コンタクトレンズを選択したほうがよいのかもしれません。

しかし、私たちの経験では、ほとんどの方は適正なメガネをかけると血行がよくなり、肌つやが出てきます。眼には水分がゆきわたって、きらきらしますし、表情もいきいきします。ほか頭痛・肩こり・腰痛・慢性疲労・うつ状態・更年期症状など多くの疾患に好影響があることは、くりかえしなんどもお伝えしているとおりです。生き方が変化したといって、顔つきまで変わってこられる方がいます。結果的にダイエットができる方も多いのです。

その方本来の美しさを取り戻される様子を見るのは、メガネ屋としてとてもうれしいことです。「私のメガネをはずしてくれる男性が現れました」とうれしそうに報告してくださった女性もいました。とよふくのメガネをかけて身体がゆるんだら、恋人ができた、結婚ができたという報告も、多くいただきます。表情から緊張がとれれば、たたずまいがやさしく見え、雰囲気が明るくなり、魅力が増して、周囲によい印象を与えるからだと思います。

もうひとつ、メガネできれいになる女性が多いのは、自分にとって必要な情報とそうでない情報との仕分けができるようになるからだと思います。

世にあふれる美容・健康・医療情報のなかで、あのサプリがいい、この食べ物がいい、そのマッサージがいい、と得になる情報ばかり追い求めて、眼が肉食獣のようになってしまっている方がいます。眼に情報の負荷をかけすぎて、自分らしい見方を見失っているのです。私は、そういう方が政治や社会に関する情報を受信・発信して大丈夫だろうか、とさえ思いますが、そのくらい判断力も勘もなくしてしまわれているように見えます。

ところが、ご自分なりの眼を取り戻すと、じょじょに情報の取捨選択ができるようになります。自分の人生にほんとうに必要なものはなにか、自然に選べるようになって、それが結果的に美容や健康につながるのだと思います。

年齢別「ゆるメガネ」でこう変わる③ ようこそ「ローガンズ」へ

40歳以後は、一秒でも早くメガネを

40代になると、誰しもの眼に起こるのが筋力の低下です。近くの距離に、瞬時にピントを合わせるのが難しくなって、ついには、がんばっても焦点が合わず、ぼやけたまま。これが老眼です。日ごろ、なかなか自覚することは少ないのですが、からだほど黙々とはたらきつづけてくれる道具はありません。歯痛や骨折など不都合が起きて初めて、健康のありがたみが身にしみます。それでも、快復するとすっかり忘れてしまいがちです。

それほどに既得権といいますか、順調にうまくはたらいてくれているときは存在感がない、眼はその最たるものといえましょう。オギャーと生まれたときから、世界を映し出してくれている眼は、よほど悪くならないと、その存在が意識できないのです。

四十歳以後は早く眼鏡をかけて眼力を養うべし

これは江戸時代に、本草学者として活躍した貝原益軒（『養生訓』巻第五 五二四）の言葉です。

メガネが高価であることはもちろん、食事は質素、生活習慣も自然で、眼の機能が今よりもはるかによかった時代に、このようなことを書いていたのですから驚きです。

現代人に合った言い方をすれば、「**40歳を過ぎたなら、早めに遠近両用眼鏡をかけて、眼の負担を軽くし、見える現象の本質を判断できるようにすべきだよ**」。

その結果、平均寿命が40代であった時代に、貝原翁は80歳を超えてなお、ロウソクの時代の夜であっても、細かい字まで見えて苦痛はないと豪語し、和漢の書に通じ、教育家、儒学者としての名声を、現代にいたるまで残しています。

そこから時代は進み、現代人の寿命は、１００年どころか１２０年時代になったといわれるようになりました。バイオロジカル検査など、最先端の予防医学でメンテナンスしていれば、ある程度まで寿命を保つことは可能となったという話も聞きます。

しかし、眼の健康寿命はどのくらいかというと、江戸時代と変わらず、老眼のはじまる「40歳」くらいです。どれだけ高機能なサプリメント、食生活、予防医学で身体の細胞劣化を食い止めても、眼のなかの細胞（水晶体と角膜）は生まれ変わることがないので、寿命にはなかなかあらがえません。

ですから、**「40歳を超えても、まだコンタクトレンズをしますか？」**と私たちは問うのです。知人の眼科医たちも、患者さんにそう問います。それは、まだ煙草を吸いますか、まだお酒を毎日飲みますか、と置き換えるとわかりやすいでしょう。若いころは平気だった飲酒、喫煙、暴飲暴食を、中高年になるとさすがに節制する方は多いでしょう。コンタクトレンズを控えましょうというのも、これらの不摂生を控えることと、同じことなのです。

40代以降は、社会人としては脂がのってくる時期かもしれません。しかし、現代の中高年のほぼ100％の方の眼は悲鳴を上げ、眼の余命はあと幾ばくか、という状態に入っていきます。できればデスクワークを減らし、情報を減らし、執着を減らし、後進に仕事や手柄を振り分け、自分たちは〝ローガンズ〟（老眼S）です、なんてにこにこ眼をゆるめて暮らしている。そういう方々は、結果的に、長く、楽しいお仕事人生を謳歌されているように見受けます。

70歳で「自由な眼」に

当店は四代にわたるメガネ店として、たくさんの方を拝見してきました。先々代の祖父が言うには、戦前生まれで、粗食少食をしながら、姿勢が落ち着いて重心の低いようなひとは、70歳を過ぎるころ、読み書き以外であれば、よいコンディションで見えるようになってくるそうです。それまで近視ではあっても、遠視、乱視、老眼が気にならなくなり、必要最低限の視力でしかありませんが、とても自由な眼の状態になるのです。

不思議な現象ですが、戦前はごくあたりまえのことだったと祖父は言っていました。40代以降どんどん進行してゆく眼の老化が、ある程度まで行きつくと、ゆるやかになり、60〜70歳ごろに進行が止まる。そのころまでに我欲や執着を減らし、無理な見方をしなくなっているひとは、眼の状態も安定し、老境の自由を得るようです。六十にして耳順《みみしたが》うひとは、七十にして心の欲する所に従える……ということでしょうか。

現代ではそんな自由な境地を見聞きすることはなくなりました。食生活、姿勢の変化が原因だと思います。しかし、自然体で自由だった先祖の記憶が残っているせいか、年齢を重ねてからのメガネにはどこか、心理的な違和感があるようです。

そもそも、ひとは先祖代々受け継がれてきた自然な肉体をもって、母親から生まれてきます。ところが育つ過程で、さまざまな環境要因により、眼にクセが刻み込まれ、そのひとなりのライフスタイルが築かれていくのです。

近視のように、若いころからメガネを使っていて、心理的抵抗の少ないひとは比較的問題がありません。しかし正視のひとや、近視でも頑固で旧来のことにこだわるひとは、必要なメガネをかけはじめるのが遅く、眼と脳と、身体にストレスをため込んでいます。その影響が出はじめるのは、50~60代からでしょう。

特に遠視の方は、視力の上では見えているので、なかなかメガネをかけたがりません。するとメガネ合わせの技術にも、高度なことが要求される眼になってしまいます。

先ほど遠視と眼瞼下垂、三角眼のお話をしましたが、私たちがメディアの報道で、投資系の詐欺などに遭われた中高年の方のお顔を見ると、ある共通の特徴が見られ、ああ、と残念に思うことがあります。そういう方はえてして眼瞼下垂、いわゆる三角眼になっておられ、本来の眼の開き方ではなく、適切な眼のケアをされていないことが見て取れるからです。

三角眼になってしまうと、遠くを見るにもそのように眼を絞りっぱなしで、まして近くのものを精査する力もなくなってこられます。細かく見なくてはいけない書類に目を通す気力もなく、相手の言うなりになってしまわれるのだと思います。

そうなってしまう前に、なんとかケアしていただけたらと思います。眼瞼下垂は、老化現象だけではない、眼と脳のサインでもあります。どうか、メガネ店にできることをさせていただけたらと、切に願っております。

老眼を認める「大局眼」

皆さんは近視をきらい、遠視を認めず、老眼をうとみ、内臓が病気になれば治さなくてはいけないといいます。

しかし病気を治す、ということをこう考えるといかがでしょう。近年では、たとえば癌を、こころやからだの「浄化装置」と表現する医師たちがいます。

どういうことかというと、負の感情、無理、疲弊、そうした習慣を積み重ねた結果、負荷のかかった細胞や臓器が変性し、自分の生き方のシグナルとして表出したのが癌であるから、やたらに忌み嫌うものでないという考え方です。こうしたホリスティック（全体的）な考え方のもと、癌を、敵ではなく分身として癒していこうという高度な医療の概念が生まれつつあります。

眼も同様です。「病気」というと忌まわしいことで、それをどうにか抑えつけようという話になりますが、結局はご自分なりのクセや、生活習慣や、無理やがまんを積み重ねてきたことの「結晶」です。

近視のひとは、暮らしに応じて近視になるよう生体適合した。白内障は、白内障になる年齢や習慣の積み重ねがあった。引け目に感じることではありません。そのことを、どうか忘れないでいただきたいのです。

できれば病気を避けて、いつまでも若々しい身体能力を保ちたいと誰もが願いますが、中年期からの衰えは避けられません。それが自然なありようです。眼の筋肉が衰えてくると、遠くがよく見えるようなコンディションならば手元はよく見えなくなるのが、自然です。

しかし、近視のひとが裸眼で手元を見ると、どこかで自動的にピントが合う距離があるので「老眼ではない」「老眼でも平気」と認めなかったりします。

人類の長い歴史から見ると、長時間の読み書きやデジタル生活はここ数十年であり、本来のひとの眼の性能としてそなわっていないことは、なんどもお話ししました。からだは太古の祖先と変わらないのだからと、粗食法を取り入れ、〝リセット〟に気をつけはじめる中高年の方々もいますが、眼の摂理は、どうにも受け入れがたいところがあるのでしょう。

眼こそ、この激動の文明に対応し、かつ原始の祖先より受け継いだ眼から逸脱しすぎないよう、適切なツールでいたわる必要があると思います。

それは、ビタミンやミネラルたっぷりのサプリメントを飲んだり、新開発の目薬をさしたりすることだけではないでしょう。ましてやＳＮＳの健康情報を拾うために眉間にシワ寄せてスマホにかじりついたり、いつまでも若い外見を保つために頭痛や肩こりをがまんしてコンタクトを使いつづけることではないでしょう。

近くを見るときの無理やストレスがこうじて、頭痛、目まい、耳鳴り、肩こりといった症状が起こり、それがさらに不眠や自律神経失調症、内臓疾患につながること。それは単なる老化現象ととらえられていますが、「眼」という方程式からは、共通解がたくさん見られます。

老眼鏡、つまり「パソコン用（手元用）メガネ」は、これらの無理から解放してくれるアイジング・ツール。そういうふうに、発想を切り替えること、おもしろがることが、若さであり、ゆるやかに生きる「大局眼」といえるのではないでしょうか。

白内障は、眼の自然な老化現象

たとえば、お年寄りが白内障（加齢のため水晶体が白濁し、視力が下がる病気）になると、ご家族は「危ないから手術をしなくては」と言います。しかし、ひとは後期高齢者にもなれば、ほとんどの方が白内障になっています。

平均寿命が40、50代のころには問題にならなかった病気で、今は70歳80歳を超えて生きるのがあたりまえの時代だからこそ問題視される病気です。でも「病気」ではなく、そのひとが生きるために表出させている、バランスの取れた状態なのです。

たとえば当店の先代、70歳になる父を身近で見ていると、歳を取るごとにだんだん執着を捨てています。こうありたいとか、人生こうでなくてはいけないという、モラルや価値観をどんどん手放しはじめ、鷹揚《おうよう》な眼になってきています。

歳を取っても、自分の眼でこれをしたい、あれを見たいという欲が強く残っていると、白内障になりづらい抵抗力があります。逆に、そうした欲が少なくなると、無理に見なくていいかなという方向に、眼の力はどんどん控えめになります。

端的にいえば、生きる欲望ということになるかもしれませんが、「もうあれこれ見すぎなくてもいいか」と眼が選択をすると、水晶体が濾過されるエネルギーが減ってきます。それが、そのひとにとってちょうどいい塩梅だということでしょう。そうなると自分にとってよけいなエネルギーを使わずに済むので、まわりからはぼんやりして見えるかもしれませんが、楽に暮らしていけます。

耳もそうですよね。〝耳が遠くなった〟お年寄りの方は、もうよけいなことを聞きたくないのです。ですから「都合の悪いことは聞こえないのに、聞きたいことだけ聞いている」なんて、よく言いますよね。

白内障の手術も、ご本人は切迫した必要を感じていないのに、まわりのご家族などがすすめることが、当店の経験上では多いです。手術を受ける方の大半が、ご自身の判断ではないように思えます。

白内障になると、視界がかすんだり、視力が低下したり、光をまぶしく感じたりという不快症状が進みますが、80歳を過ぎればほとんどのひとの眼がそうなります。人間だけではなく、犬も猫も、高齢化すればそうなります。

とあるお客様のお母様が、白内障の手術をしてから、おだやかだった精神状態が一変されたそうです。目つきが変わり、歩行をはじめ動作が困難になり、不眠に悩まされ、便秘でトイレの個室にこもられては、杖で床をドンドンと突いて「出ない、出ない！」と訴えられるそうです。さぞ、お苦しいことでしょう。

眼のなかの濁った水晶体を取り除き、代わりに人工のレンズを挿入する手術なのですが、そうすると、それまで自分の毛様体筋で水晶体をふくらませたり薄くしたりしてきたピント調節ができなくなります。すると、当店が見てきたケースでは脳が締めつけられ、からだが締めつけられ、腸が締めつけられ、便秘などになりがちなのだと考えています。

こうして、しなくてよい白内障の手術をして、神経のバランスを崩してしまう方が多いのに、多くの例が、手術とその後の不調の因果関係を結びつけて考えられることがなく、「手術が原因」と問題視されることがありません。白内障と関係の深い、緑内障も同様です。きちんと観察をすれば、膨大なデータが取れると思います。まもなくそういう時代がくることでしょう。

しかし人間の力は不思議なもので、それでも、ごくわずかに眼軸の長さを変え（眼球のかたちを変え）、適応しようとします。件のお母様もそのさなかにいらっしゃるかもしれません。なにごとも手術、施術をえらぶ前に、そのひとの本来の状態を慎重に考慮していただければと願ってやみません。

白内障の例でお話ししましたが、近視も同様です。脳とからだ全体のバランスを取りながら近視の状態になっているのに、眼の器官だけ、レーシックなどで光が入るシステムをガラリと変えてしまう。そうすると、脳やからだは追いつかない。そしてバランスを取ろうと必死になる。すると精神的にも、外部からの刺激に弱くなってしまいます。

もともと多大なストレスを抱えている方が手術をおこなったら、自律神経がおかしくなる危険がありますし、内臓に疾患を抱えていた人は、さらにバランスが崩れて病気が露呈しはじめる。そうしたケースをたくさん見てきましたが、眼のシステムを変えたせいだとは気づかないのが、私たちがもどかしいところなのです。

もちろん私たちも、白内障の手術を全否定したいわけではありません。若年性のものや、外傷によるものなど、手術が有効な例も多くあります。術後、生活の支障が減る方も多くいらっしゃいます。問題なのは、そうした例とは異なり、加齢による自然な白内障にもかかわらず、本人が望んでいない手術をさせるような場合です。医師と、そして長年つきあってきたご自分の眼とよく相談して、ほんとうに手術が必要か、判断してください。

【体験談】頭にたまった水が消えた！

これは特殊な事例かもしれませんが、横浜から、あるご家族が総出で、ワゴン車にお父様を乗せて、当店に相談に見えたことがありました。

「部屋から空を見ていたら、ヘリコプターの編隊が飛んでいた。今日は6機も飛んでいて、ずいぶん多いなあといったら、3機だといわれた。これは眼がおかしいと思って、あわてて相談に来た」とのこと。

さっそく検査をしました。こちらがご提案した度数でなら、楽によく見えるということでメガネをつくらせていただきました。その後のご本人とご家族の体験談です。

実は、お父様は脳軟化症（脳梗塞）だったとのことです。頭の中に水がたまっており、それまでは自宅での療養の日々を、うつうつとして過ごしていたそうです。高名なとある大学病院では、「頭を手術して水を抜かなければならないでしょう」との診立てでした。

それが、メガネを変えてからみるみる元気になって、病院で調べてみると、頭にたまっていた水がなくなっていました。

「担当の医科大学の医療チームが、不思議がって、一日じゅうこのメガネを調べており、ずっと待たされて帰してもらえなかった」とのこと。復活した趣味のドライブの途中に立ち寄ってくれて、笑顔で報告してくれました。

実際には、脳から具体的にどのように水が抜けていったのか、私たちは医師ではないのでわかりません。楽に見えるようになったことで、暮らしを前向きにとらえるようになり、気力を取り戻せたのでしょうか。それまでの見え方が変わり、生き方が変わられたのでしょうか。

私は、楽に見えるメガネを使うことで脳の余力が生まれ、本来の治癒力がはたらくエネルギーが湧いてきたのではないかと考えています。

writer's eye

本書執筆者がとよふくメガネを着用し、約2年の経過にともなって体感した変化を記録。何らかのご参考にしていただければ幸いです。

〈**着用直後〜数日**〉

●文字が立体ブロックのように浮かび上がり、文章の塊になって眼に飛び込んでくる。

●読書スピードが1.3倍ほどになったと体感、情報処理力の変化を感じる。

〈**1か月後**〉

●20年以上、毎日悩まされた首こり肩こり、腰痛が薄らぐ。

●煩雑に感じていたSNSやメールのやりとり、仕分けが楽になった。

〈**半年後**〉

●凝りが消えたせいか、逆にわずかな凝り、痛みに敏感になるという「とよふくあるある」現象を経験。

●夕暮れの街を歩いているとき、突然、周囲の景色がワントーン明るくなり、背丈がヌヌ、ヌ、と伸びたように体感。メガネの効用による感覚の変化だと感じた。「老い」とはゆるやかな放物線状ではなく、階段のようにガクン、ガクンとステップを下がる感じだというが、その階段を逆に一段上がったような感覚。

●漠然とした空間不安や強迫観念が減った（それまで駅の階段やホームを歩くと、意味もなく転げ落ちる不安があった）。

✕よいことばかりではない。パソコン（手元）用メガネと同時につくった常用（遠近両用）メガネは、度数が高くないので、映画館や見知らぬ旅行先で、字幕や案内板が読めず焦る場面も。困難や恐怖を感じると視力が下がる。するとますます文字が読めなくなる悪循環がある。「視力とは一定でなく、つねに変化する」を実感。

〈1年後〉

●自分の辞書から「凝り」の二字が消え、年間60万円かけていた整体費用が0円になったことに気づいた。

●木々、花々、空など風景が、やわらかく見えるようになったと自覚。

〈1年半〜2年〉

●旅行や映画鑑賞時の不安をとよふくさんに訴え、よりよく見える「常用（遠近両用）メガネ」をオーダーしたが、逆に度数を落とした「パソコン用メガネ」を提案された。半信半疑でそのメガネをつけると、ところてん方式(?)で、「常用メガネ」がよく見えるようになって驚愕。

●習っている踊りのレッスンで、体幹が以前より安定。仲間の動き、空間の位置取りが「見やすい」と感じる。長年、クラスでもっとも足を引っぱる最下位の存在であるのに、クラスリーダーに任命される。

●生活の大半を「とよふくメガネ」で過ごす日々だが、たまにイベントのある日はコンタクトレンズを装着。そんなある日、車窓の景色を見て気づいた。

コンタクトレンズを通す視覚は、ビルも、店も、その背後に茂る木々の影すらも、まるでレイヤーごとに「貼り付けている」、芝居の書き割りの背景のよう。立体的に見えないわけでないし、奥行きがないわけではないが、メガネと比較すると、のっぺりした風景だと感じる。こんな視覚で約25年間も生きていたのか。

とよふくメガネをかけた瞬間「世界が3Dになった」と驚愕するひとがいるが、私はそれを体感するのに、2年近くかかった。

第５章

今からでも遅くない「ゆる目」回復法、食事法いろいろ

「見る」ために「見ないトレーニング」をご紹介します

理屈と情報が手に入らないと、ものごとの真価がわからないと思い込んでいるひとがたくさんいます。でも、人間は、目の前の100の情報から、自分に必要ないくつかのものを直感で選んで、生き残ってきました。その感覚を、取り戻していただけたらと思います。

夕焼けを見て何も思わない日と、すごくきれいに見える日がありますよね。何も思わない日は、仕事の約束とか今晩の献立、テストの結果とか、別のことを脳が見るのに、忙しいのかもしれません。夕焼けがきれいに見える日は、眼も脳もクリアに、冴えている日でしょう。それがやっぱり、ほんとうに「見る」ということです。

カメラの映像と違い、私たちの脳は、必要なものだけをハッキリと見るようにできています。言い換えれば、必要のないものは見なくてもいいのです。そんな切り換えができそうなトレーニングや、食生活について、いくつかご紹介したいと思います。

ゆるゆる「眼ヨガ」のススメ

巷では、「眼の筋肉を鍛える」ことで、衰えた視力を回復させようという、眼筋トレーニング法がよく紹介されています。でも、ここまで読んでくださった方にはおわかりでしょう。くれぐれも、ご自分の性質に合わせて形づくられた眼の筋肉を、こすったり叩いたりして、壊してしまうトレーニングはなさらないでください。眼は、ほかの臓器のように骨で守られていないのです。

現代のスポーツ選手やアスリートは、ひと昔前のような、がむしゃらな数値重視トレーニング一辺倒でなく、古武道のような東洋式の鍛錬を取り入れる方が増えているようです。肩や腕、脚、腰の「力み」をとり、適度に脱力することで、よりよいパフォーマンスにつながることがあると、スポーツ力学的にも解明されてきたからです。

むだに力んだ結果、からだの一部分ばかりがこわばり、重心がふらつき、相手にひっくり返されてしまう。合気道など古武道においては、筋力トレーニングを禁止する師範もいるくらいです。

眼においても、同じようなことがいえます。力みすぎると視野が狭まってしまいますから「トレーニング」というほど強い運動はしないでください。

ではどうするか。眼を上下左右や、時計まわり、反時計まわりなど、固まった眼の筋肉をほぐすつもりでまわしてください。**かならず、ゆっくりと、自分の気持ちよい範囲でおこなってください。眼が酷使されてボロボロの状態になっている方が、力を入れて激しく眼を動かすと、筋肉が切れたり、網膜剥離になりかねません。**

「老眼回復トレーニング」のようなことも流行していますが、ほとんどは、ヴィンテージカーにむりやり新しいエンジンを搭載して爆走させるようなもので、危険です。だましだまし、ほどよく、末永くドライビングすることを私たちはおすすめいたします。

うつ状態や心配事にも……「遠くを見る」の効用

小学生のとき、「近くを見る⇕遠くを見る」眼の運動をさせられた方もいるでしょう。片腕を伸ばして親指を立て、爪先を見る。それから遠くの木々を見る。あれは子どもの体操だからと思っているひとが多いと思いますが、理にかなっています。

現代人は、デスクワークやスマホ操作など、近くばかりを見て、眼球の水晶体に力を入れて強制的に焦点距離を短くしています。その力が入りっぱなしで、日々疲れています。

できれば、1時間に1回は休憩して、遠くを見るのが理想的です。室内なら天井を見てください。**考えごとをするときにも、遠くを見るクセをつけるといいです。遠くを見るというのは、眼が弛緩する状態です。**

悩んでいるとき、考えが行きづまっているときは、眼は寄り目になったり、近くのものをぎゅうっと見たりしていることが多いのです。作業に集中しているとき、なにかに睨みをきかせたいときにも寄っています。

逆にいえば、遠くの景色をぼうっと見ながら真剣に悩むことはしづらい。精神科医のなかには、抑うつ状態の患者さんの「視点」を転換させるために、公園や野原での散歩をすすめる方もいます。**遠くに生い茂る木々をゆったり眺めたり、飛んでいる鳥を眼で追ったりしながら、恐怖や心配事に集中しつづけることは難しいものです。**眼の筋肉が弛緩すれば、こころや脳もゆるんできます。逆に、こころのありようが眼の筋肉を固め、顔相を固めることもあります。

マイナスの感情にかられるとき、遠くを眺めることができなければ、眼をくるくると回転運動させてみるのも一手です。寝る前も、天井などを見て、眼をゆるめてから寝るほうが、脳がより休まります。

腰骨を立て、重心を下げ「腹」で見よう

背筋を伸ばし、腰骨を立てて生活をしていると、見方がよくなってきます。たとえば、いすに座るときは、背もたれにもたれすぎないように座りましょう。

こう言うと簡単に聞こえますが、常時となると、なかなかの労力です。これをつづけると、**眼や頭だけでものを見るのではなく、「腹で見る」状態になります。だらりと腹（内臓）を下げているより、腸の動きが活性化されやすい姿勢であり、神経ホルモンの分泌のバランスがよくなります。**

パソコンのモニターも、位置を高めにして、眼前から少し下目線で見るようにしましょう。ひどく前かがみになる姿勢ではSNSの情報もフラットに見られなくなるかもしれません。

腹で見る、すなわち、からだでものごとを感覚的に見るようになると、より広い視覚が得られるようになるでしょう。腰骨を立てるのが人間本来の姿勢だからです。からだの力を抜いてだらりとするのが、必ずしも楽な姿勢ではないのです。モデルさんのなかには、「腰骨をしっかり立てて暮らすだけで、特別な運動をしなくてもいいほどエネルギー代謝がよくなる」というひともいます。ダイエットにも眼にもよいのですから、これをしない手はありません。

整体では、腰骨を立てると、自分のからだを自力で整える力がはたらくと教えています。眼もよくはたらくようになります。

また、からだの重心を下げようとすることも肝心です。これは経験上の感覚ですが、自分によく合ったメガネは、こころとからだの重心を下げ、地に足をつけてくれます。重心の低いライフ

スタイルのひとは、眼の適応力も旺盛のようです。たとえば適切に運動しているひと、姿勢のよいひと、おだやかに話を聞くひと、正座が多いひとは、眼に疾患があっても、回復が早いと感じます。重心の低いたたずまいは、眺めているだけでこちらの気持ちさえもが落ち着いてきます。「この方はどういう見方をしているのかな」と、眼のなかに入り込んで探る作業がしやすいのです。

小中学生くらいで、急に視力が落ちたお子さんを見ますと、だいたいが気持ちの重心が上がってしまっています。胸から首だけでハッハッと、早くて浅い呼吸をしている感じです。

そういう子がいすに座っている姿勢を見ると、腰が丸まり背中が丸くなって、顔の面と、本や机の面がベッタリ平行に近づいています。いきおい眼から本までの距離がどんどん近くなり、さらに近視が進んでしまいます。

そういう場合、腰をいすにしっかりと据える座り方をおぼえて帰っていただきます。それを実行しているお子さんの近視は、進行がおだやかなようです。

遺伝や環境により個人差がありますが、現代人の多くは、新生児のころは遠視→それから正視→近視へ、屈折が変化する傾向があるとお話ししました。

しかし40、50歳を過ぎシニアになると、こんどは眼球が萎縮してピントが遠くなり、正視→遠視となり、そして近視の程度はやわらぐ傾向があります。

遠視・正視・近視での眼球の変化

※37ページの図。
復習になります

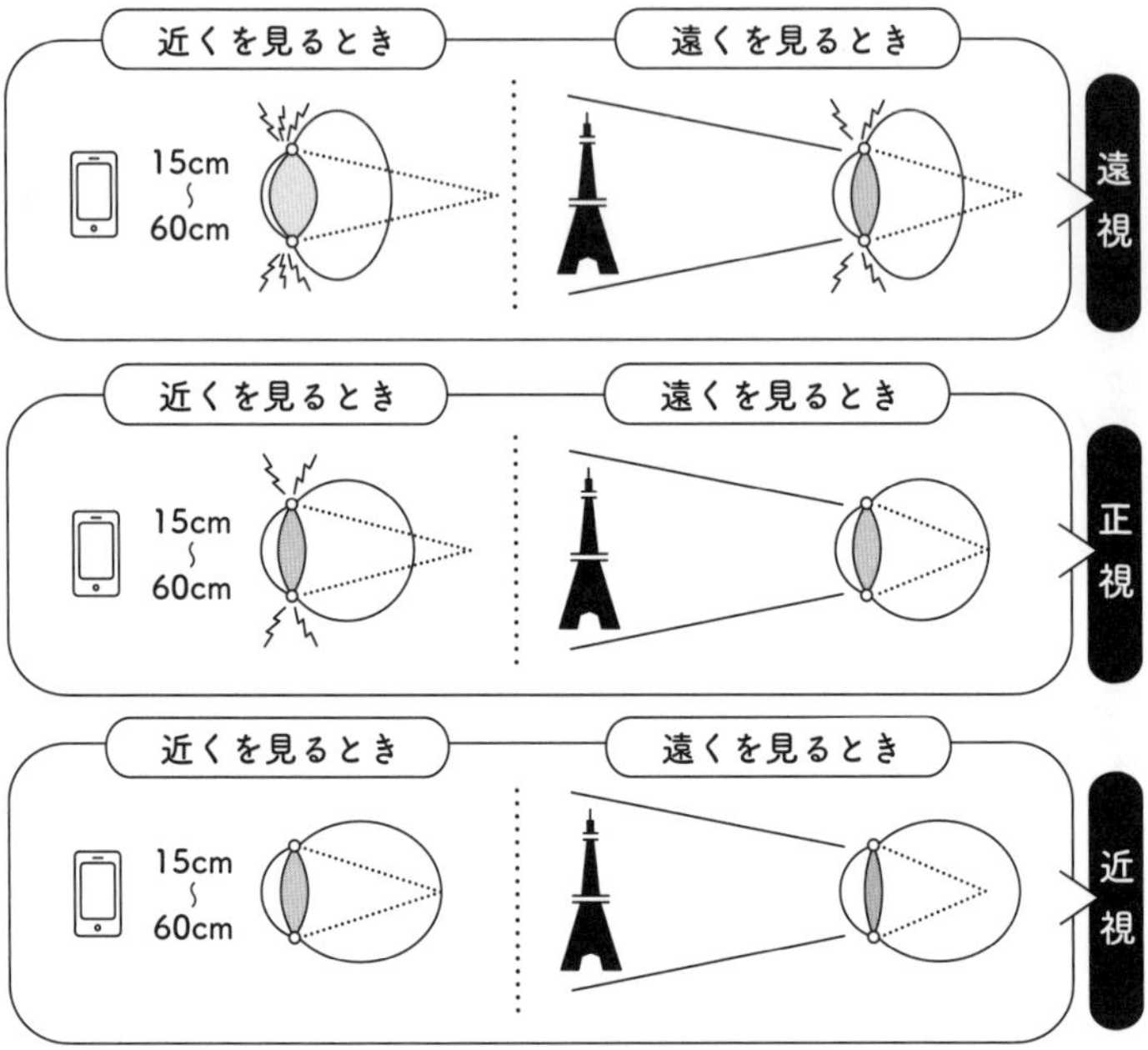

それなりの視力は出ていますので、本人は眼球の萎縮に気づきません。それればかりかデジタル生活でギューギューと眼を絞りあげて見る習慣がすっかり定着し、40歳を過ぎたらゆるめるべき眼の筋肉を、さらに締めつけています。

こうした遠視や、強めの近視をほうっておくことでも、ますます眼と脳ばかりに力が集中し、からだの重心が上がっていくのです。

「極まれば転ず」といわれますが、こうして、重心が上がってしまっている中高年は、突然、思いがけないところで転んだり、ぶつかったりすることがあります。あるいは首から上のリンパや血液が、詰まりやすくなったり、出血しやすくなります。眼の症状でいえば緑内障、眼底出血（網膜の血管が破れ出血する病気）。脳であれば脳卒中などです。直接の原因はほかにいろいろあっても、そのようになりやすい体質になったといえましょう。腰骨を立て、重心を下げて暮らすことを、ぜひこころに留めておいてください。

【体験談】ピンポン球ほどの凝りが消えた

自覚するひと、しないひとそれぞれですが、バランスのよいメガネをかけることによって、からだのバランスがよくなり、姿勢が変わり、自信を得て、好循環することがあります。

大手食品メーカーにおつとめのM子さんという横浜からのお客様から、こんな声を寄せていただきました。

「左右の視力差が大きい私は（右1.5　左0.3）、いつも首にピンポン球ほどの凝りをかかえていました。それまで、メガネやコンタクトで矯正しようとしても極度の乱視がわざわいし、思うように視力差は埋まりませんでした。でも、当時、通院していた指圧の先生からご紹介されて、とよふくでメガネをつくっていただいてから、どんどん首の凝りが小さくなっていきました。そして3度目にメガネを新調するころには、薄ぼやけていた左眼の視界がクッキリ。加えて、視覚がとても立体的になりました。30歳を過ぎてこんなに左眼がはたらくようになるなんて、考えもしませんでした」

M子さんはとても姿勢のすてきなひとでした。同じようなメガネ合わせをしても、日ごろから腰骨をすっと立てている方のほうが、効果はより大きいように思います。重心の低い、腰の据わった姿勢は、近視の予防ばかりか、眼と脳の病気を遠ざけ、未来の眼力を養うことになるのです。

「ヨガやストレッチではゆるまない眼」はご注意

こう聞くと「え?」という方がいらっしゃるかもしれませんね。たとえば、ヨガをやっても、瞑想を試みても、なかなか肩の力が抜けないひと、抜いてもすぐ力みが戻るひとはいませんか? 交感神経が優位でたえず肩や背に力が入り、カチカチに固まっているのが常態となっておられます。

そういうタイプの方は、力みを抜くことは苦手ですが、跳んだり、走ったり、跳躍運動などをしているとき、周囲がふとクリアに見えたり、風景がさえざえと新鮮に見えたり、調子がよくなることがあります。

野球選手のピッチング練習として、トランポリンを使用し、足元が不安定ななかで投球に意識を向けるトレーニングをおこなっている方もいるそうです。雑念にじゃまされず、精神を統一できるようになるからだとか。

そこで、眼の脱力やゆるみが苦手な方は、対策としてトランポリン体操などはいかがでしょうか。遊戯用に、直径1mくらいのミニトランポリンが市販されていますよね。

または、暮らしのなかで、跳躍運動や、回転運動、ランニングを取り入れられてはいかがでしょう。なかには遊園地のジェットコースターや、バンジージャンプが性に合って、リラックスするという方もいるでしょう。「力みを抜くにはヨガやストレッチを」というセオリーにとらわれず、自分の個性に合った「ゆる目法」を探すことが肝心です。

自分の眼の個性を知れば、脳がわかり身体がわかる

ひとがものを見るとき、まず「見たい」という思いが湧き上がり、信号として脳神経に伝えられ、神経が眼の筋肉を動かします。

「思い」も「信号」も「筋肉」もひとによりさまざまで、遅い速いとか、軽い重いとかがあります。ですから眼のはたらき方もさまざまです。それを何千、何万、何億回もくりかえすうちに、眼の筋肉にはそのひとのクセが刻まれます。

このクセから、逆にそのひとがどういう考え方、生き方をしているか、という個性を見ることができます。「とよふくで、悩みごとを当てられた」などと言われるのは、そういう部分を私たちが見ているからです。腰痛を訴えがちな方は「上下斜位」といって左右の目線の高さがズレている傾向があるとか、よくけがをする方はものを狭く見るタイプに多いとか、かなり細かく分析されている専門家もいます。ここでは、とよふくなりに診てきたお客様の眼の個性やクセを、少しご紹介しましょう。

輻輳力と開散力とは

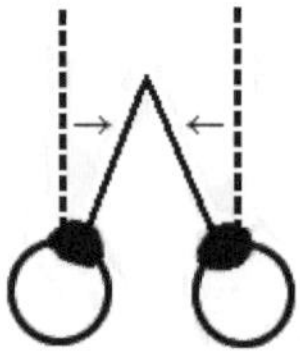

輻輳力（内側に寄せる力）

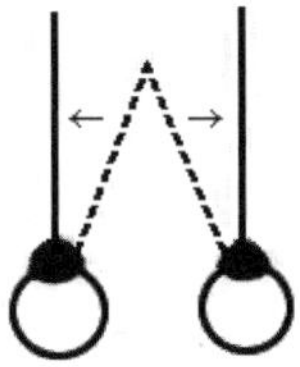

開散力（外側に開く力）

眼球の動きでいえば、「輻輳《ふくそう》力」と「開散《かいさん》力」と呼ばれるものがあります。

「輻輳」といって、眼を「内側に寄せる」力の強い、また持続できるひとは、それだけ強いストレスが眼にかかり、集中力があり、がまん強い傾向があります。

「開散」といって、眼を「外側に開く」力のあるひとは、ストレスがかかってもそれをやり過ごすことが上手な傾向があります。

眼に力を入れたときに、黒目をキュッと内へ寄せる傾向か、外へ開く傾向か。それを知るだけでも、思考や気質を確かめる手がかりになります。

ちなみに本書執筆者さんの場合、検査で、気を抜くと右眼だけがとろんと外側に流れる、開散（＝輻輳しづらい）と斜位（視線の高さがズレている）が見て取れました。左脳の負荷から逃れたいのではと本人はおっしゃっています。緊張や不安があると、眼をカッと見開くクセもあります。「スキューバダイビングのインストラクターなどが向いていそうですね」となかば冗談で申したら驚かれましたが、ものごとを、もっとゆったりと眺めたい眼であるように見受けました。

でも、文章を読み書きするお仕事をしていますから、まずそのための「パソコン用メガネ」をつくって斜位、そして輻輳のつらさをやわらげました。どなたにもいえることですが、長時間の読み書きに集中しづらい傾向があるので、1、2時間デスクワークをつづけたら、なるべく眼を窓外の風景などに「逃がす」こと、休むことを助言しました。

その後の体験によると、緊張や興奮を感じても、なるべく眼をカッと見開かないように心がけていたら、なぜか、緊迫するような状況自体が、減ってきた。また「斜位」が、右半身が下がるクセとつながっていると自覚して、左側とそろえるように意識するようになったら、以前より楽に行動できているそうです。

いっぽう、輻輳力の強い方で注意していただきたいのは、眉間にシワができたり、しかめっ面になっていたりする状態です。ピントを合わせようとして眼に力が入るあまり、不自然にこわばった表情になります。１０３ページでご紹介した「三角眼」も、このタイプです。そんな方に「眼の力を抜いて」と言っても理解されず、「力んでません、ふつうです！」と言われることも多いです。輻輳力が強い＝集中力が高いという点では、長所ともいえないこともないですが、眼のこわばりに無自覚な方が多いので、意識的にゆるめる動きを取り入れるのがいいでしょう。

緊張したときの眼の変化は、人によってさまざまです。眉をしかめて眼をグッと細める方も、カッと見開く方もいます。細めるのは近視の方が多く、見開くのは遠視の方が多い傾向にあります（いちがいには言えませんが）。視力の左右差のため、片眼をつぶって見るような方もいます。そんなこじれた眼の使い方をしている方は、まずは両眼視機能検査を受けて、ご自身に合った眼の使い方を得てほしいものです。

また、近視か遠視かによって、そのひとの気質や向いている仕事も変わってくると思います。近視のひとは手元にピントが合うため、もともと事務仕事やデスクワークに向いています。がまん強い性格の方が多く、長時間の細かい作業も苦になりづらいです。言い換えると、「身のまわり数十センチ以内の仕事で能力を発揮しやすい」のが近視です。

いっぽう遠くまで見渡すことのできる遠視のひとは、狭い空間で集中して作業するのは苦手かもしれませんが、車の運転や外回り、接客など、多方面へ注意を向けたり、周囲に気を配るような仕事が向く傾向があります。企業の人事担当の方なら、「近視の社員は事務、遠視の社員は営業に向いているかもしれない」といった傾向を考慮してもいいかもしれませんね。

セルフ「両眼視機能検査」で内に寄る眼、外に出る眼のクセをチェック

両眼視ができない方は、左右のピントのズレがあることで「物にぶつかりやすい」「ちょっとした段差でつまずく」「まっすぐ歩きづらい」など、日常の動作に支障が出ることがあります。とりわけ問題は、車の運転や乗り物での移動です。特に輻輳力も強い方は、一定の範囲に絞り込んで見ているため、左右や後方など幅広く注意を向けたり、一定の距離感を保ったりすることが苦手です。車窓の風景も集中して見すぎるため、乗り物酔いしてしまうことも。事故にもつながりかねませんから、一刻も早く眼をゆるめてあげることが必要です。

自分の眼にどのようなクセがあり、どんな偏った見方をしているか。メガネ店で両眼視機能検査を受けること以外に、自分で簡単にチェックすることもできます。次のページの図の方法を試

両眼のズレをチェック

① 3mほど離れたところにある目標物と、真正面に向き合う

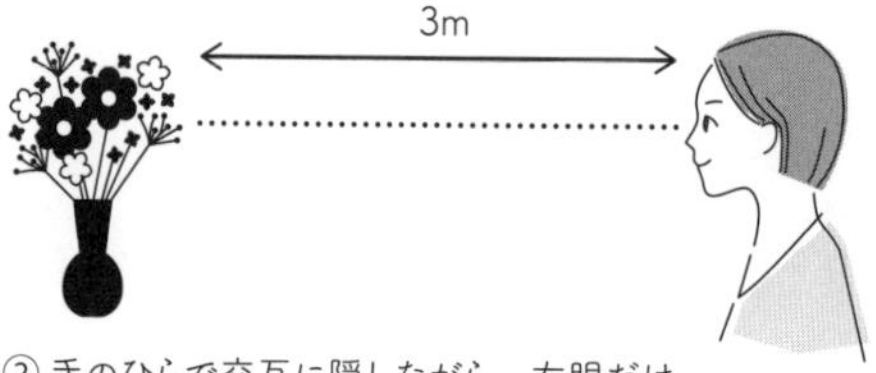

② 手のひらで交互に隠しながら、左眼だけ、
右眼だけで目標物を見て、位置のズレを確認する

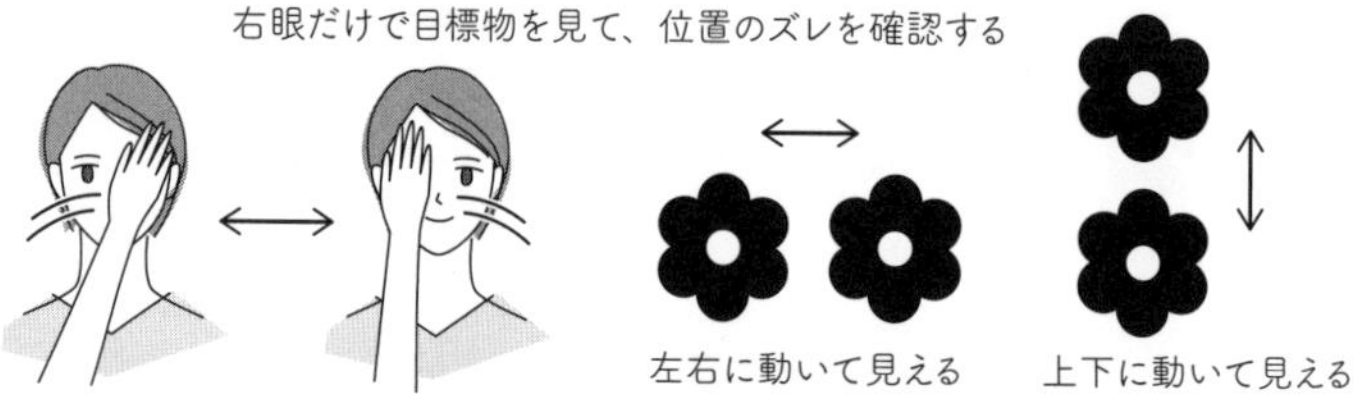

結果は?

右眼で見る	→	左眼で見る	→	右眼で見る		
		目標が右に動く	→	左に動く	……	開散力が強い
		目標が左に動く	→	右に動く	……	輻輳力が強い

してみてください。

いかがでしょう、多かれ少なかれ、目標物が左右、上下、斜めにズレて見えるのではないでしょうか。左右のズレからは、黒目が内側に向くひとと、外側に向くひとがあることがわかります。

先ほどの言葉でいえば、内側に向くひとは輻輳力が強く、外側に向くひとは開散力が強い、ということになります。上下にズレるひとは、よりからだの凝りやゆがみが出やすいといえます。

そういった個性を踏まえ、度数の調整だけでなく、両眼のクセや緊張をほぐすための調整ができてはじめて自分に合ったメガネができるのです。

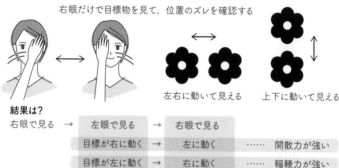

さらにいえば、車を運転するときとパソコン作業をするときと、見る距離がまるで違うのですから、ライフスタイルに合わせて複数のメガネをつくることが望ましいです。メガネをかけかえるのは面倒だと思われるかもしれませんが、結果的にどのシーンでも楽しめて快適になるでしょう。お洒落の幅が広がることもあります。とよふくではお客様からヒアリングをして、そのひとが一日のうちどういう作業をしている時間が長いかに合わせ、その作業が楽になるようなメガネをまず、おすすめしています。ご自分の眼のクセすらも楽しめるようになるのも、メガネ合わせの醍醐味かもしれません。

食べ物が、眼になる

眼の回復法として、眼ヨガ、遠くを見る、重心を下げることをご紹介しましたが、それ以上に大切なのが食べ物のことです。とよふくでは代々、眼と密接にかかわることとして、農業や自然食にまつわる勉強もおこなっています。なぜなのか、お話ししましょう。

当店のなりたちについて、第2章で少しお話ししましたが、私の先々代である祖父は、日本のメガネ販売店の草分けの一人であった初代から独立する形で、昭和のはじめに千葉県香取市（現在）に店をかまえました。ところが、昭和40年代に、茨城県鹿嶋市（現在）に大きな工業コンビナートができたころから、眼がおかしくなるお客様が増えてきました。

一番気になったのは、眼球振とうといって、黒眼がふるふると震える症状だったというのは先にも述べました。それまでは、文献でしか見たことのない症状だったのに、あれ、と思うくらい急増しました。当時、川崎市、木更津市でも同様の症状の報告がありました。近視・遠視・老眼といった乱視ではないのです。乱視は自らの眼の動きやクセで、眼が変形してしまうのですが、そうではない外部からの影響、化学物質の影響のようでした。

すると、食べ物ではないか。水と食べ物が汚染されているとしか考えられないのです。それが眼をこんなに「変」にしてしまうことに、先々代は戦慄しました。食べ物が、眼をつくり、眼を壊す。それから、先代の父、私の代にいたるまで、食や農業のことを勉強しつづけています。

来店されたひとりひとりのお客様の眼の状態を調べ、問診し、そのお人柄、生き方に合わせてメガネをつくるプロセスのなかで、いろいろなことを観察させていただきます。

ときには、お客様だけでなく、ご両親の生活や食習慣、お母様がお客様を妊娠されているときの精神状態などを推測しながら、最良のメガネを探します。四代にわたり、真剣にお客様に向かわせていただいた経験で培ったもののひとつに、「食とメガネ」があるのです。

肉食の眼

食べ物と眼は密接にかかわっています。肉食が多いか、菜食が多いかでも、見え方は変わってきます。

たとえば、38ページでお伝えしたように、アジア人は欧米人に比べて近視になりやすいといわれ、肉食文化圏の欧米人は、遠視の割合が高いようです。遠視とは、遠くを鋭くはっきり見たい、「締まる」見方です。

遠くにいる動物をハンティングして食べなくてはいけない土地柄、文化圏で過ごしていたら、近くのことより遠くをいかに鋭く見るかが重要です。小さいころからそういう食生活であると、年齢を経ても、瞳から網膜までの眼球の長さが短く、ピントが網膜の後方にある、遠視になっているのでしょう。130ページの図で見るタテ長ボールのような眼球です。

ボクシングなど格闘家をめざす方には、そういう肉食生活のほうが向いているかもしれません。しかし、そうでないひとは、肉食によって眼とからだが締まり、鋭い見方になることによって、逆に「見えない」ものが気になって、不安やいらだちを覚えることがあります。

眼筋をゆるませることによって自律神経を整え、健康になっていただきたい私たちからすると、ファイターやハンター以外の方には、あまり過剰な肉食はおすすめしたくないところです。

writer's eye

とよふくさんで、視力を下げた「常用（遠近両用）メガネ」をつくっていただいたのち、映画の字幕や知らない街の標識がくっきり見えないことに不安を感じ、より度数の高い「映画用メガネ」をお願いしたことは、前コラムに記したとおり。そのとき、肉食と眼の話を伺ってびっくりした。

当時、まさに糖質制限食をし、肉食を増やしていたからである。身体的には少し活力が増した気がしたが、眼がかすみ、頭は重く、夜に原稿を書けなくなっていた。同時に飛蚊症が気になり、空に浮かぶ蚊やアメーバが増えていた。

「飛蚊症も、かすみ目も、映画の細部が見えない気がするのも、肉食のために鋭い、締まった見方になっているからだと思います。しかし飛蚊症といったら、あなたがおっしゃるよりももっと深刻で、硝子体《しょうしたい》のなかが不均一になっている状態です。干し寒天みたいに密度が違っており、そこに光が当たると星や蚊が見えます。そうなると〝ふわふわ飛んでいる〟レベルではないです。年齢とともに、誰でもある程度は蚊が見えるものですが、それがことさら気になる、不安だということは、眼がそういうネガティブな見え方になっているからです。疲れや緊張があったり、重心が上がっている状態で、視野が狭くなっています。そうなると見え方におびえたり、攻撃的になる方がいます。

このように不安か攻撃的かに偏重しがちなのが、肉食に多い見え方だと考えています。よい悪いということではないですよ。くっきりはっきり、締まった見方をしたければ、そういう提案をしてくれるメガネ店を選ばれていいと思いますが、私たちはそこをカバーしようとは思いません。ご自身の体験から、選択してください」

ここまで「ゆるメガネ」のよさを実感してきたのに、どうして肉食ハンターの見方を選べるだろうか。

とよふくさんに提案された、さらに度数を下げた「パソコン(手元)用メガネ」をかけたとたん、それまでの「常用メガネ」で、映画の字幕がちゃんと見えるようになったのは、先述のとおり。魔法のメガネ屋さん、恐るべし。

私は肉食を減らした。ふわふわ飛んでいた蚊やアメーバたちは、まもなく半減した。

「近視とシュガーリング」「白内障とヨーグルト」のキケンな関係

小学3年生のお子さんとご両親が、近視の相談に見えたことがあります。残念ながら、すぐによくなる見込みはなさそうで、進行をいかにおだやかにするか、対策することになりました。

「お子さんの妊娠中、特に妊娠初期に、甘いものをたくさん食べませんでしたか?」とお尋ねすると、

「なんで、そんなことがわかるのですか!」と驚かれました。

お母さんの眼に、砂糖の過剰摂取による「シュガーリング」の兆候が見て取れ、お子さんの眼にも影響が見られたからです。

「実は、つわりがひどくて食事がとれず、唯一食べることのできたシロップ漬けの果物の缶詰だけで、しばらく過ごしていました」。

スイーツ好きな方は、眼にこのサインが出ているため、このように予測できることがあります。虹彩の部分に、「シュガーリング」が現れる（輪っか状に斑点が浮き出る）のです。「虹彩」とは、瞳孔（＝ひとみ、黒丸）のまわりの茶、青、グレーや緑色の円盤状の部分。この円盤が伸びちぢみして、光の量を調節しているので、瞳孔が大きくなったり小さくなったりして見えます。

虹彩のもうひとつの役割は、眼のなかの水や空気を循環させるフィルターです。フィルターですから、ゴミがあると詰まってしまいます。砂糖もここに詰まるのです。これは、見る人間が見るとすぐに気づくので、「スイーツ好きだな」もしくは、さかのぼって「この方が胎内にいるとき、お母さんがスイーツをたくさん食べたかな」ということまで推測できてしまうのです。

ひとの成長期に、砂糖製品や果物を過剰に摂取すると、近視になりやすいことがあります。幼年期や少年期には、知らず知らずのうちに、砂糖を摂りすぎていることが多く、そうすると眼球の前後が伸び、ピントが前に移動するからです。網膜も薄くなりがちです。

精製された白砂糖（スクロース）には、火薬や化学肥料などの窒素化合物にも通じる性質が見られます。ふくらましたり（膨張）、ゆるめたり（弛緩）させる作用があり、心理的には満足感や幸せ感をもたらしてくれる天からの贈り物といえましょう。砂糖を使った甘いお菓子は古来より珍重され、ハレの日の特別な食味として使われてきました。毎日のように常食するものではなかったのです。

ところが現代ではほとんどの食品に、なんらかの形で混入されています。砂糖は、脳に快感を生じさせる「脳内報酬系」という神経系を刺激する、すなわち依存性が高い、という実験結果があります。その習慣性を見込んで、食品に使われつづけるのでしょう。

精製された白砂糖が工業品として大量生産され、安価になって、一般の食品に使われているのは、元の素材が質のよくないものであってもそれなりの食味になることと、その味に慣らされてしまった消費者に食べつづけてもらうためでしょう。

砂糖と眼について、もう少しお話ししましょう。

シュガーリングが見て取れるくらいの時点では、病気ではないのですが、砂糖をあまりにもたくさん摂っていると、網膜が薄くなり、血管が詰まりやすくなります。そうすると網膜剝離や、緑内障のリスクが高まります。眼の病気は、白内障以外で多いものは、網膜の異変です。

私たちがもっとも危惧することは、過剰な肉食で眼がギュッと締まっている状態のひとが、砂糖やアルコールを摂ると、ただでさえギューッと圧力が強くかかっているところを刺激するので、敏感な組織が薄く弱くなってしまう。そして、肉食を好む方は得てしてスイーツも好物です。ですから、肉と糖分の多い欧米食を好まれる方は、緑内障などに注意が必要です。

砂糖と眼の関係は、これまであまり医学分野で取り上げられることはなく、市井の医療健康研究者らが少しずつ発信している状態です。私たちの見るところでは、砂糖を摂りすぎているひとは、全体的な感覚が鈍っているようです。

視覚が鈍くなっているのです。「ゆったり」ではなくて、常にものごとをボーッと見ている、オフになっている感じです。これもまた、常態となっていて自分では気がつかない、他人も指摘できないのがやっかいなところです。

アルコールの過剰摂取も眼にはやっかいで、「酒は百薬の長」といわれましたが、特別なときにしか飲まないから、それなりの効果として認められたのだと考えられます。現在は、アルコールの常習性もあり、毎日、街じゅうに酒が氾濫しています。たまに少量を飲むからよい気分になるアルコールも、毎日飲んでは、生活習慣病を生み出すだけといえましょう。生活習慣病の最たる糖尿病と、眼のトラブルに密接なかかわりがあることはずいぶん知られるようになりました。

加齢黄斑変性（生活や環境により網膜の「黄斑」に異常が生じ、ゆがんで見えたり暗く見えたりして、視力が低下する）は、欧米では失明原因のトップとされる眼疾病で、日本では珍しいとされていましたが、この数年、患者数が増えていることも、食生活に関係があるのではないかと思います。

そして、私たちが心配しているのが白内障とヨーグルトの関係です。

高齢になれば、ほとんどのひとにその傾向のあるのが白内障です。その直接の引き金が、紫外線による角膜へのダメージであることは、よく知られるようになりました。しかし、当店で、若年齢で白内障になった方々に伺うと、不思議な共通点があります。動物性タンパク質、特にヨーグルトを過剰に摂取しておられるのです。

なぜなのか？　当店では数百例以上の検査で確認していることですが、表立って世間に問いづらいことのひとつです。若くして水晶体が濁ることと、ヨーグルトの摂取量に、因果関係はあるのか。食べ物と眼の健康に関して、今後、医学的な究明がさらに進むことを希望してやみません。

転じて考えれば、過剰な肉食、スイーツ、ヨーグルト、アルコールなど眼に負荷がかかる食べ物を控えることで、視覚は思いがけず回復していくものかもしれません。そうしてバランスのよい視覚を取り戻せば、「アントシアニンをふくむからブルーベリーがいい」という断片的な情報ではなく、眼になにを摂取し、なにを摂らないとよいのかは、あなたの眼が自然に選んでくれるでしょう。そんな眼になっていただければ、メガネ屋としてほんとうにうれしいことです。

「本来の近視」に戻す

いかがでしょうか。ここまで、お話しさせていただいて、それこそ目をそむけたくなるお話もあったかもしれませんし、私たちも、勇気をもってお話しさせていただきました。

くりかえしになりますが、近視も、遠視も、白内障も、緑内障も、三角眼も、斜位も、ご自分が生きるために、わざわざつくり出してきたバランスです。それをバッサリと強い矯正や手術で否定されないでほしい、というのが私たちの願いです。

自ら選んだバランスを否定するのではなく、なんとかメガネでやさしく補佐する方向にもっていけないか、というのが私たちのおこないたいことです。必死でつくり上げてきたバランスが、ストレスや習慣、外部環境の変化で、ますます本来の方向からそれないようにしたいのです。

単純に遠くがくっきり見えるメガネでは、そのバランスを否定することになりますし、数値的に近視を治すことが目標ではない。「とよふくでは近視がよくなると聞いたのでお願いします」といわれても、困ってしまうのです。ご自分でつくってきたものだから、近視は認めてほしいのです。

問題は、**あるべき程度より、よけいな近視を抱え込んでいるひとがほとんどなので、「本来の近**

視」まで戻したい。からだが近視のバランスをつくっているのですが、それ以上に眼は近視になっているので、からだ本来でつくっている近視のところまで戻したいのです。

遠視の方も一緒です。メガネをかけないでいるということは、本来は遠視なのに、遠視の無理を認めないからメガネをかけない。すると本来以上のストレスを抱えて、からだも悲鳴を上げています。悲鳴を上げないところまでもっていきたいのです。

皆さんは、ストレスのボーダーを超えてしまって、疾患を抱える。限界を超えるのは眼だけではないですが、眼が抱えるストレスは相当大きい。治療の困難な病気に、眼からアプローチできるかもしれない。薬や手術という手段ではなくて、人間のもっている、元気に生きようとする力を使って治す。その自己治癒力で結果的によくなりましたというお客様は、とても多いのです。この考え方をわかっていただくことが、「魔法のメガネ」の第一歩かと思っております。

おわりのことばに代えて

とよふくの魔法を生んだ「複写ハガキ」

今でこそ魔法のメガネ屋、伝説のメガネ屋などと、ありがたい呼び方をされるようになりました。でも、私たちも営業的に伸び悩んだときがありました。研究してきたことが、お客様に理解されない時代があったのです。そこから先代の父が「眼鏡のとよふく」をここまでの店に育て上げたことには、秘訣があります。

それは、「複写ハガキ」を使ってお客様に便りを出すことです。文字どおり複写して書くハガキで、ケイ線の引かれた帳面（複写ハガキのひかえ）の下にカーボン紙とハガキを敷いて書くと、文面がひかえとして残るしくみです。

実は、このインターネット時代に、「複写ハガキ」を書いているひとが、全国で数万人いらっしゃいます。これを広めたのは「坂田道信」さんといって、多くの企業家が信奉する、陰の篤志《とくし》家《か》です。

なぜ〝陰〟かというと、「ものをただ大量販売しようとするな、マーケットを自分でつくろうとするな、お客様に自然にPRしていただくべし」……、坂田先生は独特の教えで、多くの企業を発展させているにもかかわらず、ご自分の足跡をすべてほうきで掃き消し、手柄を譲り、名前を表に出そうとされません。昔のことばでいえば「妙好人《みょうこうにん》」というのでしょうか。テレビ番組に請われても、ほとんど出演されていません。

広島県の田舎で、貧しい農家の息子として育ち、病弱で字もろくに読めなかったという坂田先生は、森信三先生という哲学者の講演を聞き、知人にハガキを書きはじめました。一枚、二枚と、そのハガキがハガキを呼び、徳を呼び、ご縁を呼ぶようになりました。やがて、あまりの郵便物の多さに、全国ではじめて、個人として郵便番号を割り当てられるようになった経緯が、著書『ハガキ道』(PHP研究所)に記されています。今では、日本じゅうにそうそうたる人脈をもっていらっしゃいます。

実は、とよふく以外にも、複写ハガキと坂田先生の教えによって成長したメガネ店、それ以外の企業は、枚挙にいとまがありません。毎日10枚、15枚と書いて国会議員になられた方もいます。宗教団体を築き上げた方もいます。企業で例を挙げれば、東証1部上場企業であるイエローハット。創始者の鍵山秀三郎《かぎやまひでさぶろう》さんは、ベストセラー『掃除道』(PHP文庫)で知られ、会社から店から周囲の地域、海外まで清掃の輪を広げた功績が高く評価されています。鍵山さんに教えを請う企業家は後を絶ちませんが、30年ほど前、まだ無名でいらっしゃるころ、坂田先生の複写ハガキと出会ったことで、その精神に磨きがかかったそうです。

とよふくが複写ハガキに取り組みはじめたのは、2000年ごろ。先代の父が50歳を過ぎて一念発起し、大学に入学したころでした。当時、5人の子どものうち4人が学齢期。今ほどのお客様に恵まれていない状態のなかで、父子5人分の学費をねん出するのは並大抵でなく、きゅうきゅうとしておりました。

そんなある日、フレームメーカーの営業マンが「〝複写ハガキ〟は商売の基本ですよ」と、坂田先生の講演テープと、〝複写ハガキのひかえ〟を置いていかれました。そのテープを、大学と店とを往復する車のなかで聞いてみた父は、不思議な力が湧いてきました。

よし、1枚、2枚と、お客様に書きはじめて数日後のことです。あるお客様が、他店のものもふくむいくつかのメガネを手にして、調整の目的で来店されました。スタッフ全員で、こころを込めてクリーニングや点検をさせていただくと、「ほかには、よいメガネはある？」とおっしゃって、180万円の一点物のメガネを、ポンとお買い上げになりました。これが複写ハガキの力の一端か……と、目の当たりにしました。

はじめは1枚、2枚書くのも大変でしたが、こうしたことを励みに、講演テープを100回、200回と大学の講義よりも熱心に聞きつづけ、父はハガキを書きつづける原動力にしました。

すると、**店内の雰囲気が変わり、お客様とのあいだに不思議な関係性ができはじめました。**

坂田先生に言われたように、「また店に来てください」とか「こう書いたら売り上げが伸びるかな」と営業をかけるつもりではだめなのです。そうではなく、ひたすら感謝の気持ちや、あとで思い出した気づき、眼の特徴のおさらい、つくったメガネをよりよく使いこなすコツなど、サンキューカードのつもりで書きました。

あなたは少し腰の姿勢に気をつけて遠くをゆったり見るようにしてください／あなたの「手元用（パソコン用）メガネ」は、離れた展示物が見えないかもしれないが、身近なひとや書類は楽に見えるので、少しずつなじんでください／あなたは軽いまばたきの仕方を工夫していただき、空間時間をゆったりと味わってくださいますように……。

こう書いていると、お客様の眼の状態を、学校の授業でいえば「復習」するような具合になります。

①実際の検査をし、②メガネの作製後に「もっとこうお伝えすればよかった」と反省し、③ハガキを書く段でまた追体験し、④日記帳のように残された「複写ハガキのひかえ」がまた復習になります。この積み重ねで、メガネの技術がいっそう深まっていくようでした。

少なくとも、15分や20分は相手のことだけを考えて書きますから、いやがおうにも気持ちがこもります。「ああ、今日も熱が入るあまり口が過ぎてしまった。少し言い訳をしておかねば」「感激していらしたけど、かけるだけでワンタッチポンの、魔法のメガネだと思われていないかな」など、フォローや反省も深まります。

そうして父は、営業と学業の忙しい状況のなか、多いときは一日に15枚も書き、月に一度は坂田先生にもハガキを書きました。3年たった55歳のころ、先生が突然、広島から「今からとよふくさんにメガネをつくりに行くよ」と、いらっしゃいました。

坂田先生は、よい生き方をしているひとびとから物を買いたいと、パンは愛知と横浜から、豆腐は新潟から購入され、クリーニングは三重県に宅配便で出していらっしゃいます。そういう方に来ていただけて、「ああ、ハガキを書いたら仕事をさせてもらえるのだ」。父はいっそうハガキ道に磨きをかけました。

坂田先生は、最初から「佐倉のとよふくじゃなくて、世界のとよふくになるよ」とおっしゃっていました。もともと、県外からのお客様が15%くらいいらっしゃいましたが、ハガキを書きはじめてから3年で20%くらいになり、そのようにご報告したら、「25%くらいが県外のお客さんになったら、商売は安定するよ」とおっしゃいます。そういうものかな、と、また粛々とハガキを書きつづけました。

それからまた3年がたって父が58歳になったとき、突然、県外のお客様が25%を超えました。その翌月には急に、75%と逆転しました。いったいなにがあったのか。目に見えない分水嶺があったのでしょうか。今では80%が県外で、国外からのお客様もいらっしゃいます。

ハガキによってこころが通じ合う関係ができたのか、〝無給〟なのに社員以上にはたらいてくださるお客様が30人ほどできたことが、最初の突破口となったと思います。とよふくのメガネを口コミで世間に広めてくださる方々。今ふうにいえばサポーターさんでしょうか。ですから、その〝無給の社員さんたち〟には、年に2回くらい、こころを込めてサンキューハガキを書いています。複写式だと、「前にはこんなことを書いていたな」と読み返して書けます。

下手でいい、汚くていい、季節の挨拶もない、唐突でいい。こんな失礼なものを出させてもらうという気持ちがあれば、むしろ下手なほうが味かもしれません。

そんなふうですから、営業なんてかけようがない。とよふくは、「おかげさまでメガネの仕事をこんなふうに頑張っております」と書いていいのは年賀状の3000枚だけにしています。あて名はすべて手書きです。

ちなみに坂田先生は100万枚以上、鍵山秀三郎さんは7万枚以上、とよふくは17年間で親子でやっと3万枚弱ほど書いてきました。今は一日4、5枚、それだけでも労力がかかります。お客様が増えると書かなくなる方がいますが、どうにか私たちはつづけています。

複写ハガキを書いていると、どういうわけか、自分の気持ちに合うことばが紡ぎ出されるようになります。それは自然にお相手に伝わるようです。すると、伝わる力のようなものが研ぎ澄まされるのか、ハガキがさらなるお客様を呼んでくる。ここにとよふくの「魔法のメガネ」のエッセンスが凝縮されています。

それは、メガネ合わせというのは「伝える」⇕「伝わる」という、共同作業であるということです。ただ座っていただいて「あなた様に合うメガネをつくってさしあげます」ではないのです。どういう生活の、どういう作業で、どういう気持ちで、どういう見方をしたいかを共同のセッションで探らせていただきます。ですから信頼関係がないと、メガネ合わせなんてできません。

そんな頑固なメガネ屋の言うことですから、任意の100人のお客様がいらっしゃるとしたら、10人も聞いてくれないでしょう。眼をゆるめるなんて？　そんな見え方はおかしいと思われたら、お叱りを受ける時代です。そこを越えて、聞いてくれるお客様が集まってくる、というのが、複写ハガキによる魔法です。

ですから、うちは魔法のメガネ屋、伝説のメガネ屋なんて言われていますが、実はお客様が伝説であり、魔法なのです。こんなメガネ屋を、見つめてくれる眼をもっている方が来店してくださるしくみになっているのです。

このデジタル時代に、ハガキをこつこつ書く、そんな非効率的な方法だから、できたご縁です。複写ハガキで手に入らないものはないと、坂田先生はおっしゃっていますが、そのとおりだと実感しております。皆さまにも、どんどんおすそわけしたく、真似をしていただけたら、こんなに幸せなことはありません。

＊　＊　＊

最後までお読みいただき、ありがとうございます。眼鏡のとよふくは、初代、二代目のスピリットを受け継ぎ、三代目の父が現在の佐倉市の店舗を構えました。

三代目が尊敬する眼科医の田中稔先生ご夫妻の励ましのもと、技術を磨き、坂田道信先生に商売の仕方、生き方を習い、奥様の宜穂先生に商売繁盛のための食生活を教わりました。田村知則先生の、日本一といえる眼の検査のわざに近づくため、現在も先生のお言葉を借りて、皆で日々研鑽しております。うちは治療はしないとおっしゃるカリスマ歯医者さん、自称本職ジャズピアニストの天才整体師さんなど、多くのお客様に知恵とご縁をいただき、今の私どもがあります。

私どもには表現力も発信力もなく、足りない頭でなんとかやってきたものですから、もっと世に広めたい！　といってくださる方のご援助には、なかなか乗れませんでした。ですが今回、早川さや香様、集英社様の熱心なお気持ちと行動力のおかげで、重い腰を上げることができました。

とある方が、世の中は常に変化している、なので本はなかなか書けないとおっしゃっていました。明日には、本書とは違うことを申しあげているかもしれません。ご容赦ください。今後もスタッフともども、とよふくスピリットを忘れず、世の変化に合わせて一日一日をまじめに取り組んでいきたいと思います。

眼鏡のとよふく　四代目　豊福映吉

おわりのおわりに

早川さや香

「魔法のメガネ屋」の秘密、いかがでしたでしょう。
0.1ミリ、0.2ミリ、息をひそめるように合わせるレンズ。一塵のチリもないよう保つ店内。一枚、一枚書くハガキ。そういうお店を私たちが応援して、はじめて魔法は完成するようです。応援者を迎えるために、とよふくさんでは、朝から床を磨き、ドアを磨き、椅子の背からクレジット決済用のカードリーダーまで磨いています。スタッフさんが店外の花壇からさりげなくヒメジョオンを一輪、二輪、摘んで、店内に飾っています。
この、一風変わったメガネ屋さんについて、SNSやブログに綴ってきた方々も、聞き書きしてきた私も、ここまで読み通していただいた皆さまも、どうやら魔法か伝説の一部ということになるのかもしれません。

まわりに、眼のことでつらい思いをしながらがんばっている方がいれば、どうぞこの伝説を、伝えていただけないかと思います。そして魔法のメガネ屋さんになりたい方がいたら、応援していただけたらと思います。または「こんな検査は可能ですか？」と、本書をもって、街のメガネ屋さんを訪ねていただければ、そう願っております。

これまで、数々のテレビ出演、新聞や雑誌取材を断って、ただ一心にメガネをつくりつづけるだけでよいとおっしゃっていたのに、勇気をもって、過矯正メガネやコンタクトレンズの実態をお話ししてくださったとよふくさんに、深く感謝を申し上げます。ありがとうございます。

そして、企画から約2年、プロデュースしてくださって、本書を出してくださった集英社・学芸編集部編集長の垣内克彦さんに、お礼を申し上げます。ありがとうございます。

垣内さんは、私がはじめてとよふくさんのメガネを着用したとき、お話ししたことに関心を寄せていただき、自ら東京から2時間かかるそのお店に出向かれ、「パソコン用」と「常用」の2本のメガネを仕立てて、かけてみてくださいました。垣内さんのご体験では、ある日、サッカーの試合を観戦していたときに突然、場内を明るく感じ、芝生の青、選手たちのユニフォームの青が、みずみずしく眼に映ったのだそうです。ただ、それは一瞬のことであったそうです。

私の経験から想像すると、その瞬間に視覚の変化があり、青色は鮮明な印象を残すものの、やがて脳は慣れてしまい、その後は元どおりに思えるのかもしれません。気づかないうちに「新しい視覚」が我がものとなっていることも、メガネの魔法かもしれません。「でも、その視覚は今もつづいているのでしょうね」と垣内さんはおっしゃいます。きっと、つづいているのだと思います。ここまで読んでくださった方も、ぜひ、この不思議な視覚を味わってみてください。きっと、お幸せになられることと思います。お読みになっていただき、どうもありがとうございます。

参考文献
『眼鏡のはなし』 豊福厚至
『ハガキ道』 坂田道信（PHP 研究所）
『眼が人を変える』 田村知則、小林信也（草思社）
『快視力』 田村知則（草思社）
『「よく見える」の落とし穴』 田村知則（講談社）
『人生が変わるメガネ選び』 梶田雅義（幻冬舎）
『やってはいけない目の治療』深作秀春（KADOKAWA）

視力《しりょく》を下《さ》げて体《からだ》を整《ととの》える
魔法《まほう》のメガネ屋《や》の秘密《ひみつ》

2018 年 11 月 10 日　第 1 刷発行
2021 年 6 月 13 日　第 2 刷発行

著　者　早川《はやかわ》さや香《か》
監　修　眼鏡《めがね》のとよふく
発行者　樋口尚也
発行所　株式会社　集英社
〒 101 - 8050　東京都千代田区一ツ橋 2 - 5 - 10
電話　編集部　03 - 3230 - 6141
読者係　03 - 3230 - 6080
販売部　03 - 3230 - 6393（書店専用）
印刷所　図書印刷株式会社
製本所　ナショナル製本協同組合

ISBN978-4-08-781667-9 C0060